로마제국에서 신대륙 발견으로,

세계사를 품은
스페인 요리의 역사

SPAIN NO KAMADOKARA
: OISHIKU YOMU SPAIN RYORI NO REKISHI
by Mari Watanabe

Original Japanese edition published by GENDAISHOKAN PUBLISHING. CO. LTD.
Korean translation copyright ⓒ 2019 by Tabi Publishing co.
This Korean edition published by arrangement with GENDAISHOKAN PUBLISHING
CO. LTD., Tokyo, through HonnoKizuna, Inc., Tokyo, and Imprima Korea Agency.

로마제국에서 신대륙 발견으로,

세계사를 품은
스페인 요리의 역사

와타나베 마리 **지음** | 권윤경 **옮김**

따비

· 차례 ·

시드레리아에서 시드라(사과주)를 따르는 장면. 시드라는 아스뚜리아스와 바스크 등 사과가 많이 나는 스페인 북부 지역의 특산물이다.

가스빠초는 생으로 써서 맛과 향을 유지하는 올리브유의 가치를 높인 대표적인 여름 메뉴다.

스페인에서 가장 오래된 요리는 오야 혹은 꼬시도라고 불리는 수프. 오야는 냄비 이름에서, 꼬시도는 '푹 끓인다'라는 조리법에서 비롯된 요리 이름이다.

레굼브레, 즉 콩류는 스페인의 식생활에서 곡류 이상의 비중을 차지한다.

스페인에서 오르딸리사hortaliza는 채소 전반을 가리키는 단어인데, 스페인, 나아가 유럽의 식생활은 신대륙 발견 이전의 채소와 그 이후의 채소로 나뉜다.

한국의 독자 여러분께

저는 대학 시절 스페인어를 배우기 시작했습니다. 그리고 스페인어를 좀 더 잘 말하고 싶어 방문했던 스페인에서 그 식문화와 풍토에 매료되었습니다.

소박하고 따스하고 아무리 시대가 바뀌어도 변함없는 향토요리, 그 땅 깊이 뿌리내린 식문화의 매력, 그리고 거기에 사는 사람들의 꾸밈없는 상냥함. 이 나라의 식문화를 배우고 조금이라도 많은 사람에게 전하는 일을 제 평생의 업으로 정한 지 벌써 40년 가까이 지났습니다.

일본에서는 겨우 10년까지만 해도 "스페인 요리라면 빠에야."라고, 대다수 사람들의 인식 수준이 머물러 있었습니다. 최근에는 '스페인 레스토랑', '스페인 바르'라는 간판을 내건 가게가 늘어났고 인기도 끌고 있지만 아직까지도 스페인 요리에 대해 알려진 것은 적습니다.

스페인은 많은 지역으로 나뉘어 있고, 기후도 풍토도 다르기 때문에 지역마다 전혀 다른 식재료가 나고 전혀 다른 개성의 요리가 태어났습니다. 또 걸어온 역사도 전혀 다르기 때문에 사람들의 생각도 음식에 대한 기호도 다릅니다. 그런 스페인의 독특한 매력은 잘 알려져 있지 않습니다.

미술도 음악도, 예술은 그 배경을 알면 더욱 매력적으로 보입니다. 작품이 태어난 풍토, 그 화가가 살아낸 시대, 그런 것들을 알수록 그림을 볼 때의 즐거움이 부풀어가죠. 한 접시의 요리도 한 장의 그림과 마찬가지입니다. 그 요리가 어떤 땅에서, 어느 시대에 태어났는지 알고 나면 더 맛있게 느껴집니다. 이 책에는 그런 즐거움을 함께 느껴주셨으면 하는 마음이 담겨 있습니다.

한국의 독자 여러분께서 이 책을 통해 스페인 식문화의 매력에 깊이 빠져드시길 바라며…….

2019년 7월
와타나베 마리

어렸을 때 디즈니 애니메이션 〈미녀와 야수〉의 소설판을 읽은 적이 있습니다. 그 책이 서양 요리에 대한 저의 첫 기억이 아닐까 합니다. 야수를 위해 준비되었던 화려한 식탁에는 들어본 적도 없는 이름의 요리들이 차려져 있었죠. 그 요리들에 대한 묘사를 읽고 어떻게 생긴 음식일까, 무슨 맛일까 상상하던 것이 제가 접했던 첫 이국적인 요리였던 셈입니다. 수프와 고기 요리들, 색색의 케이크에 포트 부인과 칩이 담았던 티의 맛까지요.

1990년대 초, 서울 외곽 위성도시에서 유년 시절을 보낸 제가 어릴 때 접한 서양 요리라고는 경양식집 돈가스가 전부였으니, 책에 묘사된 요리들은 상상 속의 신세계였습니다. 그 신세계를 몇 번이고 읽었던 기억이 납니다. 그렇게 제가 처음으로 서양의 맛을 접한 것은 책 속이었습니다. 소공녀의 식탁, 빨강머리 앤이 목사님 부부에게 다과를 제공할 때 만들었던 레어 케이크, 매슈가 마릴라 몰래 사다주던 태피 같은 것들이요.

상상의 맛은 시간이 흐르며 어느새 제 일상 속으로 들어왔습니다. 미국식 패밀리 레스토랑이 익숙한 존재가 되고 이탈리안 레스토랑도 많아지면서 서양 음식이 더 이상 책 속의 낯선 요리만은 아니게 된 것이죠. 하지만 스페인 요리는 제게 여전히 미지의 세계였습니다. '빠에야'라는 이름을 때때로 접했을 때도 리소토 같은 것인가 상상했었죠. 이 책은 그러던 제가 처음 접한 스페인의 맛이었습니다.

제가 이 책을 만난 것은 스페인 여행을 한 달 앞둔 일본 교토에서였습니다. 이 책과 만나기 전에는 스페인 요리도 같은 지중해 연안 국가인 이탈리아나 프랑스, 그리스의 음식과 비슷하겠거니 생각했습니다. 음식이 생소하게 느껴질 일은 없겠다고 안심했습니다. 그러나 이 책을 읽고 스페인이라는 나라, 스페인의 음식을 그렇게 규정할 수 없다는 것을 깨달았습니다. 우리가 아는 지중해의 음식과 형성되어온 역사와 그것을 구성하는 요소들이 다르다는 것도 알았습니다.

실제로 만난 스페인 요리는, 이 책에서 말한 것처럼 제가 알고 있었던 그 어떤 서양 요리와도 달랐고, 이국적이었습니다. 우선 첫 향기부터요.

책에서 읽었던 것을 하나하나 혀와 코와 눈으로 확인하는 체험은 즐거웠습니다. 이 책을 만나고 저는 까스띠야 이 레온을 시작해, 아스뚜리아스, 바스크, 까딸루냐까지 여행하며 스페인의 미각을 확인했습니다. 스페인 여행의 중심에는 언제나 요리가 있었으니, 저를 안내해준 것은 이 책이었다는 느낌이 듭니다. 아직 먹어보지 못한 지역의 맛은 앞으로의 즐거움으로 남겨두었지만요.

독자 여러분께서도 이 책을 통해 스페인 요리가 걸어온 길을, 나아가 맛있는 스페인을 즐겨주세요.

끝으로, 이 책은 몇몇 잘 알려진 단어를 제외하고 스페인어 원어 발음에 최대한 가깝게 표기했음을 알려드립니다. 올바른 스페인어 표기법을 감수해주셨을 뿐 아니라 스페인의 문학과 사회, 문화에 관하여 배경지식을 제공해주신 한국외국어대학교 스페인어과 전기순 교수님께 진심으로 감사의 말씀 드립니다.

2019년 7월
옮긴이 권윤경

최근 일본에서도 '스페인 요리'라는 단어를 꽤 듣게 되었습니다. 스페인 요리를 간판으로 내건 레스토랑도 늘어난 것 같습니다.

하지만 빠에야가 스페인 쌀 요리라는 건 안다 해도 그것이 발렌시아 지역 특유의 요리이고 스페인에서는 쌀을 거의 먹지 않는 지역도 있다는 것까지 알고 계신가요?

가스빠초가 토마토로 만든 차가운 수프라는 것을 알고 있다 해도 초기 가스빠초에는 토마토가 들어가지 않았다는 것도 알고 계셨나요? 그리고 토마토가 들어 있지 않은 가스빠초란, 결국 유럽에 토마토가 등장하기 전 시대의 음식이었을 것이라 생각해본 적은 있나요?

스페인 요리에 빠져서는 안 될 조미료는 사프란이 아니라 올리브유와 마늘이라고 하면 놀라지는 않으실까요?

일본에서는 양식이라고 하면 '소금, 후추'인데 스페인에서는 후추가 거의 사용되지 않습니다. 그 이유가 파프리카를 쓰기 때문이라고 들은 적은 있으신가요?

'세계에서 가장 예약하기 제일 어려운 레스토랑'이라고 알려져 있는 '엘불리'는 스페인 까딸루냐 지역에 있는데, 까딸루냐 사람들이 예로부터 어떤 음식을 먹어왔는지 알고 계신지요?

지중해 연안이니까 생선 요리가 식생활의 중심일 것 같지만 원래는 돼지고기가 식생활의 중심인 지역이었다는 사실은 의외이지 않나요? 나아가 스페인 사람들이 그렇게 돼지고기를 좋아하게 된 뿌리는 가톨릭교도가 나라를 지배하게 되었을 때부터 시작한다는 이야기는 알고 계신지요.

제가 가장 좋아하는 말 중에 '여러 얼굴의 스페인España plural'이라는 것이 있습니다. 스페인은 지역마다 확연히 다른 기후 풍토와 역사를 가지고 있기 때문에 각자가 다른 개성의 문화를 확고하게 가지고 있습니다. 다양한 문화권에서 자라온 다양한 식문화. 그 성립 과정을 더듬어가는 것으로 '여러 얼굴의 스페인'이 가진 매력을 알아주셨으면 좋겠습니다. 그런 바람으로 이 책을 썼습니다.

게다가 21세기에 세계에서 가장 주목받고 있는 요리는 스페인 요리라고 해도 지나치지 않을 것입니다. 전 세계의 요리사가 주목하고 있는 전위적인 요리나 최신 테크닉이 스페인에서 점점 세계로 알려지고 있습니다. 이런 시대이기 때문에, 이 화려한 무대에 이르기까지의 스페인 요리의 역사와 발전 과정을 알아주셨으면 좋겠습니다. 다시 말해 '빠에야'에서 '엘불리'에 이르는 스페인 요리의 변천을 이해하고, 오늘날 어째서 스페인 요리가 그렇게 훌륭한지, 그 물음에 해답을 찾아주셨으면 합니다.

와인을 마시는 저녁식사 자리의 이야깃거리를 위해 읽어주셔도 좋고, 장차 요리사가 되고 싶은 분도 물론 꼭 읽어주셨으면 합니다. 이 책 속에서 당신이 흥미를 느끼는 스페인, 당신이 좋아하는 스페인의 한 조각을 발견해주세요. 그것이 '여러 얼굴의 스페인'이라는 모자이크의 반짝이는 한 조각이 될 것입니다.

더욱이 스페인 요리의 재미를 알고 싶다, 아니 그 전에 좀 더 다양한 스페인 요리를 먹어보고 싶다! 여러분께서 그렇게 생각해주시길 마음 깊은 곳에서 바랍니다.

와타나베 마리

제1부

북부에서는 끓이고, 중부에서는 굽고, 남부에서는 튀긴다:

조리법으로 본 스페인 요리

오야

olla

1. 가장 오래된 조리법, 오야

17세기 초, 스페인에서 25쇄를 찍어낸 베스트셀러 요리책이 있습니다.

그 요리책의 저자는 마르띠네스 몬띠뇨Mártinez Montiño. 펠리뻬 2세(재위 1556~1598)부터 펠리뻬 4세(재위 1621~1665)의 치세에 이르기까지 긴 기간 궁정요리사를 지낸 사람으로, 당시 최고 클래스의 요리사였습니다.

시작하는 말에 '후학을 위해서'라고 쓴 이 책은, "좋은 요리사의 기본 자질은 청결, 미각, 기민함에 있다."라고 제1장을 시작하면서 연회banquete를 위한 메뉴에 대해 설명합니다. 이 책에 따르면 식사의 첫 접시*는 오야olla, 즉 푹 끓인 요리, 두 번째 접시는 주로 아사도asado, 즉 구운 고기, 그리고 세 번째 접시로는 생선 요리나 아사도 이외의 조리법으로 요리한 고기 요리, 디저트에 속하는 달콤한 것을 내고, 마지막으로는 메뉴에 어울릴 만한 과일과 치즈 리스트가 따라옵니다. 즉 첫 접시는 수프 계통, 두 번째 접시가 고기·생선 등의 메인 디시, 다음은 뽀스뜨레(디저트)로 구성되는 현재 스페인 식사 흐름의 원형이 이미 17세기에 완성되었던 것입니다.

'오야olla'란 원래는 냄비를 의미하는 라틴어에서 온 말로, 특히 깊고 큰 냄비를 의미합니다. 그리고 그 냄비를 사용한 국물

---

* 서양의 식사는 한 상에 모든 음식이 차려지는 한국의 식사와 달리 코스로 이루어져서 순차적으로 나온다. 스페인 역시 마찬가지여서 첫 번째 접시(쁘리메르 쁠라또 primer plato), 두 번째 접시(세군도 쁠라또segundo plato), 디저트(뽀스뜨레postre)의 순서로 식사가 구성된다.

요리의 이름으로도 정착했습니다. 오야를 사용한 음식의 기원은 오래되었는데, 스페인에서 가장 오래된 조리법을 기록한 14세기 초반의 책에서도 이미 그 이름을 찾아볼 수 있습니다. 이 책에는 까딸루냐Cataluña 지역의 요리에 관해 "오야와 아사도가 요리의 기본이다."라고 설명하고 있습니다. 그 시작은 까딸루냐였을지 모르지만 '오야'로 불리던 냄비에서 끓여낸 음식은 이윽고 스페인 거의 전 지역으로 퍼져나가 식생활에서 큰 부분을 차지하게 됩니다.

원래 스페인은 피레네 산맥이 유럽의 다른 나라들을 가로막고 있는 데다가 국내도 몇 개의 산맥으로 분단되어 있습니다. 때문에 각 지역은 자치의식이 높고, 문화도 서로 이질적인 요소를 많이 가지고 있습니다. 스페인이라는 하나의 이름으로 뭉뚱그리기 어려워서, 여러 문화권의 집합이라고 불러도 될 정도입니다.

요리 분야에 있어서도 마찬가지여서, 각 지역의 요리는 어디까지나 지역요리라는 범주에 머물러 보편성을 얻어내지 못한 것이 많으며 '스페인 요리'라는 총괄적인 이름을 얻기는 어렵습니다. 다른 나라에서 대표적인 스페인 음식으로 여겨지는 것도 실은 일개 지역요리에 지나지 않는 것이 많습니다. 빠에야는 발렌시아 지역의 요리이며, 오징어먹물 요리는 바스크 지역, 가스빠초는 안달루시아를 중심으로 한 마드리드 남쪽의 요리인 것처럼 말이죠. 이런 상황에서 다양하게 변주되었다고는 하지만 거의 스페인 전역에 존재하는 것이 '오야', 혹은 '꼬시도cocido'라고 불리는 끓인 요리입니다. 오야라는 이름은 조리에 사용되는 냄비의 이름에서 온 것인 반면, 꼬시도는 '끓인 것'이라는 조리법에서 특정한 요리를 가리키는 말이 되었습니다. 18세기 무렵까지는 '오야'라는 이름이 더 일반적이었다고 보이는데, 지금도 '오야 뽀드리다olla podrida'라는 냄비 요리 등에 그 이름이 남아 있습니다. 한편 꼬시도라는 이름은 19세기 무렵부터 많은 지역에서 익숙해진 듯합니다.

스페인왕립아카데미의 사전에 따르면, '오야'는 "입구가 넓고 깊은 냄비. 또한 그 냄비로 만드는 요리로 고기, 비계, 콩류와 채소류, 특히 기본적으로는 병아리콩과 감자 등으로 만들어진 요리. 때로는 소시지 따위도 넣고 전부 함께 끓여서 간을 한 것. 스페인 일상 식생활의 기본적인 한 접시."입니다. 이것이 평균적인, 혹은 가장 일반적인 오야에 대한 설명이라고 할 수 있을 것입니다.

이 요리의 원형은 앞서 언급했듯 14세기 까딸루냐 지역의 음식에서 볼 수 있습니다. 까딸루냐는 지중해에 면해 있으며 프랑스에 인접해 있어 스페인에서도 특히 개방적인 의식과 문화를 가진 지역입니다. 스페인 요리사料理史에서 초기의 유명한 요리사들은 주로 이 지역 출신이었습니다. 스페인 요리 역사의 가장 첫 페이지에 이름을 남긴 요리인, 루뻬르또 데 놀라 Ruperto de Nola도 그중 한 사람입니다.

놀라는 나폴리의 왕 페르난도를 오랫동안 모신 후 까딸루냐로 돌아와서 1525년 스페인에서 처음으로 종합적인 요리책을 출판했습니다. 그의 책에 나오는 요리가 이탈리아의 영향을 많이 받아서인지 '오야'라는 요리는 나오지 않습니다. 마찬가지로 까딸루냐의 기본적인 요리 중 하나인 '에스꾸데야 escudella*조차 찾아볼 수 없습니다. 이 점을 미루어볼 때, 이탈리아에서 돌아온 놀라가 태어난 고향 까딸루냐의 향토음식을 애써 배제하고, 그로서는 새롭게 주목해볼 만하다고 생각한 나폴리 궁정요리를 중심으로 책을 구성한 것이 아닐까 상상해볼 수 있습니다.

무엇보다도 그의 시대에는 아직 스페인 혹은 이탈리아라고 불리는 나라는 존재하지 않았습니다. 지금의 스페인에 해당하는 땅에 몇몇 왕국이 들어서 있던 시대였습니다. 그리고 당

---

* 볼bowl을 의미하는 말이 그대로 요리 이름이 되었다. 채소 육수에 쌀이나 파스타를 넣기도 하며, 미트볼이나 콩을 넣기도 한다. 까딸루냐 지역요리다.

시 나폴리 왕국은 스페인에서 비교적 유력한 왕국이었던 아라곤의 통치하에 있었습니다. 즉, 놀라의 책은 16세기 아라곤 왕실에서 선호하던 요리를 기록한 것이라고 해석해야겠죠.

까딸루냐에서 시작된 '오야'는 17세기에는 프랑스에도 도달했습니다. 루이 13세와 루이 14세에게 시집간 안나 데 아우스뚜리아Ana de Austria와 마리아 떼레사 데 아우스뚜리아María Teresa de Austria라는 두 명의 스페인 왕녀가 이 요리와 그 이름을 프랑스 궁정에 가져갔습니다. 이윽고 오야라는 요리 자체는 프랑스 궁정요리에서 사라졌지만 냄비 이름만은 프랑스어 속에 오유oille라는 이름으로 남아 있습니다.

프랑스 요리에 오야 혹은 꼬시도와 비슷한 요리로 포토푀 pot-au-feu가 있습니다. 그러나 스페인 요리 연구가들은 포토푀가 오야와는 다른 기원을 가진 요리로, 오히려 고대 로마에서 전해진 요리일 것이라고 생각합니다. 이 프랑스의 '포토푀'와 안나 데 아우스뚜리아가 고향의 맛을 그리워하며 즐겼던 '오야' 맛의 차이를 크게 좌우한 요소 중 하나는 바로 가르반소 garbanzo, 즉 병아리콩의 존재입니다.

병아리콩은 스페인 요리가 스페인 요리만의 독자성을 갖도록 만든 요소 중 하나라고 말해도 지나치지 않을 정도로 기본적인 식재료입니다. 여기에서 그 병아리콩이 오야라는 요리에 꼭 필요한 재료가 되어가는 과정을 지켜봅시다.

병아리콩은 카르타고 사람들에 의해 스페인에 전해졌습니다. 그것이 언제쯤부터 오야에 더해지게 되었는지 정확한 기록은 없습니다. 하지만 흥미로운 것은 앞서 언급했던 마르띠네스 몬띠뇨의 책에 나오는 '오야 뽀드리다'에는 병아리콩이 들어가지 않는데, 동시대의 서민 생활을 노래한 시인 로뻬 데 베가*의 시에는 "오야에는 물론 마늘과 병아리콩, 양파……"라고 쓰여 있다는 점입니다. 즉 17세기 무렵 궁정의 오야에는 병아리콩이 들어가지 않았을지 몰라도 서민의 식탁에 오르는 오야에는 병아리콩이 필수적이었습니다.

또 한 가지 오야의 기본 식재료인 감자가 등장한 것은 콜럼버스의 신대륙 발견 이후였습니다. 덧붙여서, 14세기의 책에 나오는 오야에 관한 기술이 이 요리에 대한 가장 오래된 기록입니다만, 거기에는 오야 속에 넣는 것이 '닭, 비계, 간, 삶은 달걀노른자, 사프란 한 꼬집 등'이라고 되어 있습니다. 이를 보면 고기와 많은 채소가 들어가는 17세기부터 오늘날까지 이어지

---

* 로뻬 데 베가(Lope de Vega, 1562~1635): 스페인 황금세기에 가장 인기 있었던 희곡 작가. 르네상스 스타일의 고전적인 연극에서 벗어나 민중극을 주창했다. 그의 작품 〈푸엔떼 오베후나Fuente Obejuna〉는 한국에서 공연되기도 했다.

는 오야와 14세기의 오야는 꽤 다른 풍미의 요리였음을 상상
할 수 있습니다.

그럼 지역에 따라, 요리사에 따라, 계층에 따라 오야에 들어
가는 재료가 어떻게 달랐는지 살펴보도록 하죠.

2. 시대와 계층에 따른 오야의 변천

가장 가난한 계급의 식탁에서 궁정의 식탁에 이르기까지
오야 요리는 널리 보급되었습니다. 하지만 당연하게도 요리
에 무엇이 들어가는지는 경제 상태에 따라 큰 차이가 있었습
니다. 다시 말해 이 요리는 스페인의 종적 계급사회에서 부유
함의 척도이기도 했던 것입니다.

문학작품에서 오야에 들어가는 재료를 설명하는 것이 등장
인물의 부유함 혹은 가난함을 표현하는 상투적인 수단이었던
시대마저 있었습니다. 부유함의 예로써 그 유명한 《돈키호테》
의 한 구절을 들어보죠. 까마초의 혼례에서 산초 빤사가 이 시
골 부자의 결혼식 연회에 있는 진수성찬에 이끌려 다가갔을
때, 남자들이 준비하고 있던 것은 거대한 '오야'였습니다. 거기
에는 토막 내지 않은 닭이나 토끼 같은 것이 아무렇게나 들어

가 보글보글 끓고 있었습니다. 산초가 조금 먹어도 되는지 물어보았더니 "냄비를 국자 대신 써서 닭을 한두 마리 건져 아침밥으로 하시오."라는 호쾌한 대답을 들었습니다. 이 냄비 속에 거위, 닭 등이 통째로 끓고 있었으니 당시로서는 최고의 호사라고 할 수 있겠지요. 한편 주인공 돈키호테의 일상에 대해서는 그 생활의 질박함을 이야기하기 위해 "그의 식탁에 오르는 오야에는 양고기보다 쇠고기가 많다."라고 묘사되어 있습니다. 이 대목에서 당시 스페인 중앙부, 이 이야기의 주 무대인라 만차에서는 쇠고기가 양고기보다 저렴했다는 것을 자연스럽게 추측할 수 있습니다.

같은 시대, 17세기의 작가 께베도*의 피카레스크 소설 《엘부스꼰》에는 가난함의 상징으로 오야가 나옵니다. 주인공이 살게 될 기숙사의 주인 까부라 선생은 "오야만큼 훌륭한 것은 없어. 누가 무슨 말을 하든 이것이야말로 자연 그 자체이고 다른 것은 모두 가짜야."라며 오야를 절찬하고는 "자, 모두 마음껏 먹게나." 하고 기세 좋게 말했습니다. 하지만 그 오야는 병아리콩이 바닥에 붙어 있고 무가 쓸쓸하게 떠다녔으며 고기

* 프란시스꼬 데 께베도(Francisco de Quevedo, 1580~1645): 스페인 황금세기의 대표 작가. 시와 소설, 철학 및 문학비평에 걸쳐 걸작을 남겼다. 특히 신랄한 풍자와 지적인 위트가 빛나는 문장으로 유명하다.

는 모두가 나누면 손톱과 이에 붙을 정도로 슬픈 것이었다고 묘사되어 있습니다. 이 작품에서 오야는 스페인이라는 나라 전체가 가난을 경험했던 17세기와 18세기라는 시대의 한 상징이라고도 할 수 있겠습니다.

이 시기에는 옛 궁정요리사들이 솜씨를 겨루던 15~16세기의 단순하지만 다양하고 풍요로운 식탁이 흔적을 감추고 전반적인 가난 속에서 오야가 식탁의 주역으로 떠오릅니다. 그것 하나만으로 한 끼 식사를 마련할 수 있는 음식. 테이블 중앙에 놓고 모두가 나누어 먹을 수 있는 음식. 게다가 집집마다, 때때의 주머니 사정에 따라 들어가는 재료를 조절할 수 있는 오야는 시대의 요청에 맞게 각 지역으로 침투해갑니다.

이 오야가 너무나도 깊숙이 식생활 속에 침투했기 때문에 스페인에서 늦게 보급된 것이 있습니다. 그것은 꾸비에르또 cubierto, 즉 한 사람분의 스푼, 포크, 나이프 세트입니다. 테이블 중앙에 놓인 오야에서 사람들은 자신의 스푼으로 국물을 바로 떠먹었습니다. 떠낸 고기와 채소를 담는 데는 한 조각의 빵이 접시를 대신했습니다. 한 사람 한 사람에게 꾸비에르또를 두는 습관이 17세기 말까지 스페인의 식생활에 정착하지 않은 배경에는 오야가 식사의 기본이었던 점이 크게 영향을 끼쳤던 것입니다.

이 시대에 '오야 뽀드리다olla podrida'라는 말이 등장합니다. 오늘날 스페인에도 그 이름이 남아 있기는 하지만 이미 과거에 속해 있는 이 요리는 17세기 무렵 오야의 가장 대표적인 형태였다고 생각됩니다. '뽀드리다'는 썩었다는 의미입니다만 이 이름의 유래에 대해서는 확실한 근거가 없습니다. 17세기의 《까스띠야어의 보물창고》라는 꼬바루비아스*의 책에는 "오랫동안 끓여서 건더기가 거의 형태를 유지하지 않게 된 것을 비유하여 '뽀드리다'라고 불렀다. 즉, 과일이 너무 익어버린 것을 마찬가지로 '뽀드리다'라고 부를 수 있는 것처럼."이라고 기술하고 있는데, 이것이 일단 표준적인 해석일 것입니다. 이와는 별개로 스페인 중앙부 부르고스Burgos 지역의 북부 산악지대에는 현재도 '오야 뽀데리다olla poderida'라고 부르는 요리가 있는데 이 요리가 '오야 뽀드리다'의 어원이라는 설도 있습니다. '뽀데리다'란 권력을 의미하는 단어 '뽀데르poder'에서 온 말로, 즉 권력을 가진 자, 풍요로운 자의 오야라는 의미가 됩니다. '풍부한 재료를 써서 많은 양의 오야를 만들 여유가 있는 자를

---

* 세바스띠안 데 꼬바루비아스(Sebastián de Covarrubias, 1539~1613): 사전학자, 부호 해독 연구가, 펠리뻬 2세의 왕실예배당 전속사제, 꾸엔까 대성당의 고위 성직자. 무엇보다도 18세기 이전까지 까스띠야어에 대한 가장 중요한 어휘집인 《까스띠야어의 보물창고Tesoro de la lengua castellana o española》(1611)의 저자로 유명하다.

위한 요리'라는 뉘앙스에서 이 이름이 태어났고, 후에 변형되어 뽀드리다가 되었다는 것입니다.

이 요리가 가진 두 가지 성격, 즉 '허물어질 때까지 끓인 것'과 '여러 재료를 풍부하게 사용한 것', 두 성격 모두 버리기 어렵다고 생각합니다. 그러면 당시 오야 뽀드리다의 대표적인 레시피는 어떤 것이었을까요? 우선 17세기 초의 요리사, 디에고 그라나도Diego Granado의 책을 보면 요란한 재료를 열거한 것에 압도됩니다. "소금에 절인 돼지 목살 2파운드, 소금을 뺀 허벅지살 4파운드, 막 해체한 돼지 코 두 개, 귀 두 개, 다리 네 개, 내장을 포함한 멧돼지 고기 4파운드, 소시지 2파운드. 이것들을 끓이고, 별도로 6파운드의 양고기, 6파운드의 송아지 신장, 6파운드의 쇠고기……." 그라나도의 레시피는 막대한 양의 재료를 사용하고 있으니 아무래도 오야(냄비) 하나에 이것들을 전부 넣고 한꺼번에 끓일 수는 없었겠죠. 책 속 설명에도 몇 개의 솥으로 나누어서 동시에 일단 한 번 삶아내고 마지막에 그것을 합쳐서 종류별로 큰 접시에 담아내도록 한 것을 알수 있습니다. 그리고 국물은 충분히 졸여서 소스처럼 끼얹으라고 지시하고 있습니다.

한편, 앞서 소개한 동시대의 요리인 마르띠네스 몬띠뇨의 책에는 고기, 가금류를 끓이기 전에 한 번 구워서 맛이 빠지지 않게 하는 방법, 또 오야 뽀드리다를 빠스뗄pastel*로 만드는 방법도 기록되어 있습니다. 이것은 오야로 끓인 속 재료를 파이 반죽으로 싸서 오븐에 구워내는 요리인데, 현대에는 이미 잊히고만 조리법입니다. 또한 이 요리가 남은 음식을 활용하기 위해 궁리된 것이기도 했다는 점이 흥미롭습니다.

오야에 이어 '뿌체로puchero'의 시대가 옵니다. 뿌체로는 오야보다 작은 냄비인데, 입구가 좁고 속이 깊은 항아리 모양을 하고 있습니다. 운반하기 편리한 이러한 항아리풍의 냄비는 스페인이 차례로 전화에 휩쓸렸던 19세기, 무대에 등장합니다. 당시 전쟁터를 떠돌며 성경을 팔았던 사람은 어디에 가더라도 뿌체로를 만날 수 있었고, 특히 히따노gitano(집시)들이 만드는 뿌체로에 크게 만족했다는 기록을 남겼습니다. 이 기록에 의하면, 뿌체로에 들어가는 재료는 쇠고기, 돼지비계, 병아리콩, 거기에 쇠비름verdolaga 등인데, 지금도 많은 지역에서 히따노들이 뿌체로라고 부르는 요리와 꽤 닮아 있습니다. 이 뿌체로라는 냄비로 조리할 경우, 그 형태로 추측할 수 있듯이 끓인 건더기 이상으로 국물caldo이 주인공이라고 할 수 있습니다. 그 점에서 입이 넓고 많은 재료를 넣는 것이 중요했던 오야와는 성

---

* 밀가루와 버터로 만든 반죽을 오븐에 구운 과자 혹은 케이크. 크림이나 달콤한 것을 넣기도 하며 때로는 고기, 생선, 과일이 속 재료로 들어가기도 한다.

격이 다른 것을 알 수 있습니다. 그리고 건더기와 수프, 오야와 뿌체로라는 두 요소가 일체화된 것이 다음에 나타나는 꼬시도cocido라고 할 수 있을 겁니다.

16세기 궁정요리에서 큰 위치를 차지하고 있던 오야는 스페인의 왕위가 부르봉 왕가로 넘어가면서 서민의 음식으로 격하되었고, 이어서 전시의 뿌체로로 변모하는 과정을 거친 다음, 20세기 초 무렵 '꼬시도'라는 이름으로 다시금 궁정의 식탁에 등장하게 됩니다. 돈 깐디도 꼬사르Don Cándido Cózar라는 요리사가 '고귀한 꼬시도'라고 명명한 레시피가 알폰소 13세(재위 1886~1931)의 보증과 함께 당시의 스페인 요리를 대표하는 것으로서 책에 남아 있습니다. 그 재료로는 병아리콩, 돼지 어깨살, 닭 반 마리, 비계, 하몬, 초리소, 소금에 절인 돼지 다리가 들어가며, 채소는 양배추, 강낭콩, 근대, 감자 등이 들어가는데, 전부 잘 끓여내서 국물만 거른 후 파스타나 쌀을 넣어서 첫 번째 접시로 냈습니다. 다음으로 병아리콩과 고기를 한 접시에, 또 채소와 소시지를 한 접시에 담고 소스 대신에 볶은 토마토를 곁들여 이 두 접시를 동시에 내고 이것을 두 번째 접시로 했습니다. 이 레시피는 마드리드의 몇몇 오래된 레스토랑에서 '마드리드풍 꼬시도cocido madrileño'라는 이름으로 지금도 충실하게 만들고 있습니다.

왕이 스스로 선택한 메뉴라기에는 17세기 무렵의 호화로운 오야와 비교하면 질박한 이 꼬시도는, 마드리드 중심의 통일국가가 확립되고 부르주아 계층이 대두되었던 20세기 초의 스페인의 상황을 상징하기도 합니다. 이후 꼬시도는 향토요리로서 저마다의 개성을 주장하기 시작합니다.

3. 현대의 오야

이제 현재 스페인의 오야, 혹은 꼬시도라고 불리는 요리를 지역별로 살펴보려고 합니다. 20세기 초에 정착한 꼬시도의 원형을 가장 잘 보전하고 있는 것은 '마드리드풍 꼬시도'입니다. 첫 번째 접시로는 국물에 파스타를 넣어서 내고, 두 번째 접시로는 큰 접시에 담은 채소류, 세 번째 접시로는 큰 접시에 담은 고기를 취향대로 양념을 하면서 먹는 기본적인 스타일입니다. 그리고 취향대로 약간의 올리브유와 식초 등을 넣는데, 이는 과거 양념으로 쓰이던 토마토 소프리또sofrito*의 그림자가 남아있는 것이라고 할 수 있겠죠.

---

* 소프리또는 기름에 가볍게 튀겨내는 스페인의 조리법 또는 그 조리법으로 만든 양념이다. 보통 양파와 마늘 등 향이 있는 채소로 만드는데, 여러 요리의 베이스로 쓰인다.

꼬시도의 기본 재료는 병아리콩에 감자, 당근, 리크leek와 그 외의 계절 채소, 그리고 육류로는 쇠고기, 가금류, 또시노tocino(소금에 절인 돼지비계), 쇠뼈, 초리소를 비롯한 소시지류입니다. 채소 중 병아리콩과 감자는 빼놓을 수 없지만 그 외의 조합은 각 가정의 취향에 따라 바뀝니다. 뿌리채소를 중심으로 양배추 등을 넣는 것도 자주 볼 수 있는 조합입니다. 앞서 언급했듯 병아리콩은 스페인 요리의 기본적인 재료인데, '전국 어디에서나'라는 의미로 "병아리콩이 있는 곳이라면"이라는 말을 쓸 정도로 넓은 지역에서 재배되고 있습니다. 하지만 전국이라는 것은 다소 스페인적인 과장된 표현으로, 실은 '건조한 토지라면 어디에서나'라고 말해야겠죠. 즉 온난 다습한 비스까야Vizcaya만에 면해 있는 바스크Vasco(바스크어로는 Euskadi)나 아스뚜리아스Asturias 지역에서는 병아리콩이 많이 재배되지 않습니다. 따라서 이들 지역에서는 꼬시도가 보급되지 않았거나 혹은 약간 모습을 바꾸었습니다.

예를 들면 아스뚜리아스 지역에서는 알이 흰 강낭콩인 파베스fabes가 병아리콩을 대신하는 대표적인 콩인데, 이 지역에서 가장 유명한 요리인 '파바다fabada'는 흰 강낭콩과 돼지고기 그리고 돼지고기 가공품으로 만드는 수프입니다. 한편 바스크 지역에도 꼬시도라고 불리는 요리가 있지만 '비토리아풍'이라는 이름이 붙은 꼬시도는 병아리콩을 사용한 것과 붉은 강낭콩alubias encarnadas을 사용한 것을 따로 만들어서 섞는 기발한 요리입니다. 바스크 사람들에게 병아리콩이 차지하는 위상이 얼마나 낮은지 보여주지요. 마찬가지로 비스까야만에 면한 습한 기후와 비옥한 들로 풍요로운 깐따브리아Cantabria 지역에 '산악의 꼬시도cocido montañés'라고 불리는 요리가 당당하게 존재한다는 사실도 흥미롭습니다.

이 요리에는 지리적 조건 이외에도 역사적 요소가 개입되어 있습니다. 깐따브리아 지역이 '바다의 까스띠야Castilla del mar'로 불리며 그 옛날 까스띠야 왕국의 중심이었던 시대도 있었습니다. 따라서 바다에서는 해산물들이 풍요롭게 잡히고 스페인에서는 귀했던 낙농제품 역시 풍부하면서도, 요리의 성격은 내륙인 까스띠야의 영향을 많이 받았습니다. 단지 까스띠야 중앙부에서 깐따브리아 바다 연안에 도달할 동안 꼬시도는 약간 모습을 바꾸었습니다. 깐따브리아에서는 수프와 건더기를 두 접시 혹은 세 접시로 나누어서 내는 형태가 아니라 끓여낸 그대로를 한 접시의 요리로서 먹습니다. 그 점에서는 오히려 17세기 무렵의 꼬시도와 보다 가까운 형태라고 할 수 있겠죠. 국물만을 별도로 끓여서 거기에 파스타나 쌀을 넣어서 먹는 방법은 꽤 시간이 흐른 후에야 요리책에 등장합니다.

꼬시도의 또 하나 중요한 요소, 육류에 대해서 말하기에 앞서 다시 스페인 역사를 돌아봐야 합니다. 아메리카 신대륙 발견과 함께 이슬람교도로부터 국토를 탈환하는, 이른바 레콩키스타Reconquista(국토회복운동)를 이루어낸 이사벨과 페르난도, 이 가톨릭 부부 왕은 일거에 스페인을 가톨릭 국가로 만들기 위해 이슬람교뿐 아니라 유대교 역시 배척하는 정책을 취합니다. 유럽에 르네상스를 가져다주고 스페인이 학문적으로도 경제적으로도 크게 진보하는 데 도움을 주었던 유대인 그리고 이슬람교도와 공존했던 시대는 여기서 종언을 고하게 됩니다. 이후 생활을 위해 어쩔 수 없이 스페인에 남아야 했던 유대인들에게 그들이 가톨릭을 믿는다는 것을 증명하도록 하는 음식이 돼지고기였습니다. 유대교 율법에 의해 돼지고기가 금기시되었던 유대인들은 그것을 먹음으로써 가톨릭에 대한 복종을 보여줘야 했습니다. 이슬람교도들 역시 마찬가지로 돼지고기를 먹지 않았기 때문에 돼지를 먹는 것이 유서 깊은 스페인 사람이라는 증명으로 여겨지기까지 했습니다.

스페인 요리 연구가 루이스 안또니오 데 베가Luis Antonio de Vega는 "꼬시도의 원형은 병아리콩, 감자, 쇠고기, 삶은 달걀 등이 들어가는 유대인의 대표적인 요리인 아다피나adafina다."라고 말합니다. 거기에 가톨릭교도의 눈을 두려워하며 비계나 초리소 등의 돼지고기 가공품을 추가한 것이 꼬시도가 되었다는 것입니다. 이 설이 옳은지 그른지는 잠시 제쳐두고서라도 현재 스페인 각지의 꼬시도에는 반드시라고 해도 좋을 만큼 돼지고기 가공품이 꼭 들어갑니다.

육류 중에 꼬시도에 사용되는 빈도가 가장 높은 재료 중 하나가 소금에 절인 돼지비계인 또시노입니다. 또시노는 간을 하는 조미료의 역할도 하지만 동시에 고기로 먹기 위해 넣는 식재료이기도 합니다. 이 또시노가 최근 스페인 보건부가 적극적으로 캠페인을 시작한 '스페인 사람들의 과도한 동물성 지방 섭취'라는 문제의 원인 중 하나가 아닐까 생각합니다. 애써서 요리 대부분에 버터를 사용하지 않고 올리브유를 사용하고 있음에도 또시노나 지방이 많은 소시지를 다량으로 사용함으로써 필연적으로 스페인 사람들은 높은 콜레스테롤을 섭취하게 된 것이죠.

돼지고기 가공품은 그 무엇이든 스페인에서 중요한 식재료이며, 특히 소시지는 지역마다 다양한 종류가 있습니다. 예를 들어 마드리드의 꼬시도와 까딸루냐의 오야 요리에 해당하는 '에스꾸데야 이 까른 도야escudella i carn d'olla'를 비교할 때 가장 눈에 띄는 차이는 마드리드 꼬시도에는 초리소chorizo를 넣는 반면 까딸루냐의 에스꾸데야에는 '부띠파라butifara'라는 소시지를 넣는다는 점입니다. 이 둘의 차이를 간단히 비교해보죠. 초리소의 맛을 결정하는 것이 다량의 파프리카라면 부띠파라 맛의 기초는 후추입니다. 또 초리소가 거의 스페인 전역에서 만들어지고 지역에 따라 여러 유형이 있는 반면, 부띠파라는 까딸루냐 지역의 독자적인 소시지입니다. 지극히 스페인적인 파프리카 대신에 후추를 선택했다는 점에서 프랑스와 국경을 접하고 있어 여러 측면에서 프랑스의 영향을 받았던 까딸루냐다운 개성을 느낄 수 있습니다. 역시 에스꾸데야도 국물에 파스타나 쌀을 넣어 내고, 채소와 소시지 등의 건더기는 따로 내는 형태로 제공됩니다.

까딸루냐에서 좀 더 동쪽으로 발레아레스 제도Islas Baleares라고 불리는 지중해의 섬들에도 꼬시도의 한 종류가 있습니다. 예를 들어 메노르까Menorca섬에 예부터 전해 내려오는 레시피에는 송아지고기, 부띠파라, 돼지 귀나 발, 닭고기, 어린양 고기가 들어가고, 그 지역에서 특히 좋아하는 소브라사다sobrasada라는 지방이 많은 소시지가 들어갑니다. 채소로는 감자, 병아리콩과 무, 파, 당근 등이 쓰입니다. 더 옛날에는 들새를 넣었다는 기록도 있는데, 이 점에서 돈키호테 시대까지 거슬러 올라가는 유서 깊은 오야 뽀드리다의 직계 요리라고 할 수 있습니다. 단, 발레아레스 지역은 짠맛과 단맛을 같은 요리에 섞는다는, 스페인 다른 지역에서는 찾아보기 드문 지중해 연안의 독자적인 취향을 가지고 있습니다. 그래서 '메노르까 풍 꼬시도cocido menorquín'에는 아메리카 대륙에서 건너온 고구마를 넣는다는 점이 특징적입니다.

한편 19세기 무렵부터 히따노들이 선호했던 뿌체로는 무르시아Murcia 지역을 중심으로 지중해 연안에서 '히따노풍 오야olla gitana'라고 불리는 요리와 '안달루시아풍 꼬시도cocido andaluz'로 이어집니다. 이 두 요리의 공통 요소는 독창적인 채소일 겁니다. 원래 북인도에서 온 방랑민족이라고 알려져 있는 히따노(집시)들은 스페인 전역에 살고 있지만 그중에서도 안달루시아Andalucía는 그들의 기질에 맞는 풍토와 기후를 가지고 있어 히따노의 존재가 가장 눈에 띄는 지역이라고 할 수 있습니다. 안달루시아풍 꼬시도에는 토마토, 강낭콩, 호박 등의 채소가 들어가며, 히따노풍이라고 불리는 것에도 토마토, 강낭콩, 호박이 들어가는데 거기에 흰 강낭콩, 완두콩, 서양배 등이 더해집니다. 이런 채소가 히따노의 독특한 취미와 통하는 부분이 있을 것이라 추측할 수 있습니다. 그중에서도 수프가 탁해지는 것을 피하는 마드리드풍 요리와는 대조적으로, 녹기 쉬운 재료인 토마토와 호박을 선호한다는 점에서 스페인 중앙부와 남부의 취향 차이를 엿볼 수 있습니다.

아사도
asado

1. 식문화의 토대, 아사도

　스페인 요리라는 소우주의 중심이라고 할 수 있는 오야에
이어, 다음은 "스페인 전 국토를 연기로 이었다."는 말이 있을
정도였던 대표적인 스페인 요리, '아사도asado' 즉, 로스트roast

에 대해 살펴보려고 합니다.

　14세기 까딸루냐어로 쓰인 책에 중세의 식사습관에 관한 이런 구절이 나옵니다. "까딸루냐에서 벌어지는 연회의 식탁에는 거대한 오야와 아사도, 단 이 둘뿐이지만 그 풍성한 양으로 더 이상의 복잡함은 필요 없다." 이러한 모습은 까딸루냐뿐 아니라 이 시대 스페인의 거의 대부분 지역에서 공통된 연회 식탁의 모습이었을 것입니다. 아사도, 즉 고기를 굽는 지극히 원시적인 조리법은 고기가 큰 비중을 차지하는 스페인의 식생활에서 14세기부터 현대에 이르기까지 항상 중요한 위치를 차지해왔습니다.

　덧붙이자면, 중세 스페인에서 바르셀로나를 중심으로 한 까딸루냐 지역이 문학·인쇄문화를 필두로 넓은 의미에서 이 시대 스페인의 문화적 첨단을 달리는 곳이었다는 것을 알아두어야 합니다. 그렇기 때문에 이 시대의 책은 대부분 까스띠야어(스페인의 모체가 된 까스띠야 왕국을 중심으로 발달한 언어, 즉 현대 표준 스페인어)보다 까딸루냐어로 된 책이 남아 있는 경우가 많습니다. 스페인에서 가장 오래된 요리책으로 여겨지는 루뻬르또 데 놀라의 책만 하더라도 현전하는 가장 오래된 판본은 까딸루냐어로 되어 있고, 까스띠야어 판본도 놀라가 까딸루냐어로 저술한 후 번역된 것이라고 합니다.

스페인의 미식gastronomía에 관한 책에서는 자주 아사도와 오야를 비교함으로써 두 조리법을 평가하고 있는 것을 볼 수 있습니다. "오야가 '생[生]'을 의미한다면 아사도가 의미하는 것은 '죽음[死]'. 오야가 자주 불사를 상징해왔으나, 아사도에 쓰이는 금속 꼬챙이를 보고 불사를 떠올리는 자는 없다." "굽는 것은 언제나 남성, 혹은 남성적인 것으로 이어지며, 끓이는 것은 여성과 여성적인 것으로 이어진다." 이런 예는 너무나도 많습니다. 요리 연구가 하비에르 도밍고Xavier Domingo는 그의 저서에서 이렇게 썼습니다. "오야에는 대부분 온갖 것을 집어넣어 그 자체가 마치 소우주와 같다고 할 수 있는 반면, 아사도는 보통 육류만이 재료로 쓰인다. 아사도는 인류가 최초로 발견한 조리법인 반면, 오야는 솥이라는 기구가 발명될 때까지 기다려야만 했다. 따라서 아사도는 문화 이전부터 존재했으며, 오야에서 기술 혹은 문화가 시작된다."

저는 이에 덧붙여 유럽 속의 스페인 요리라는 면에서 오야와 아사도를 비교해보려고 합니다. 오야가 유럽 내에서 스페인의 특이성, 혹은 개별성을 대표한다면, 아사도는 스페인의 유럽적 보편성을 의미하는 것이 아닌가 하는 것입니다. 왜냐하면 오야가 재료, 조리도구 등 모든 관점에서 스페인의 독자적인 요리이기 때문입니다. 반면 아사도는 스페인 고유의 요리라기보다는 수렵민족의 공통된 조리 방법에 그 원형이 있기 때문입니다. 그리고 거기에 스페인의 독자적인 개성이 덧붙여져 왔다는 점을 고려하더라도, 아사도라는 요리는 오야처럼 확실하게 국경선을 그을 수가 없습니다.

까를로스 델가도Carlos Delgado의 요리용어사전에서 '아사르asar'라는 동사를 찾아보면 "아사도르asador(로스터), 오르노horno(오븐), 혹은 빠리야parilla(그릴)로 고기·생선·과일 등을 소화하기 쉽도록 열처리하는 것"이라고 되어 있으니, 이 단어가 원래는 고기류에만 쓰였던 용어가 아니었음을 알 수 있습니다. 하지만 '아사도'라는 명사 항목에는 이미 "특히 육류의 조리법, 혹은 새, 들새 등을 조리하는 방법"이라고 쓰여 있듯, 스페인에서는 이미 특히 육류의 조리를 가리키는 용어로서 '아사도'가 일반적으로 사용되었습니다. 특히 어린양 구이cordero asado는 스페인 요리의 메인 디시로서 대표적인 음식입니다.

"식문화의 측면에서 바라본다면, 스페인은 많은 민족의 영향을 받은 다양한 요리가 있는 나라, 그리고 다양한 와인이 있는 나라, 어린양을 굽는 고소한 연기로 연결되어 있는 나라다." 요리 연구가 안또니오 데 베가의 말입니다. 확실히 지역만의 고유한 요리를 제외한다면 스페인 전역을 아우르는 공통의 요리라 할 수 있는 것이 어린양 구이라고 해도 지나치지 않겠죠. 특히 스페인 중앙부 일대는 베가가 '아사도 지대'라고 정의 내릴 정도로 아사도를 식생활의 중요한 기반으로 삼고 있는 지역이 이어집니다.

여기서 미식의 측면에서 스페인을 지역별로 분류해보도록 하죠.

현재 일반적으로 사용되는 분류는 거의 지방자치단체의 구분에 따라 스페인 전체를 꽤 잘게 구분 짓고 있는데, 까를로스 빠스꾸알Carlos Pascual의 분류에 기초한 것이라고 생각됩니다. 빠스꾸알은 스페인을 15개의 지역으로 나누고 있습니다. 빠스꾸알의 분류에서 특징적인 것은 얼핏 보기에 꽤 넓은 바스크, 나바라Navarra, 라 리오하La Rioja를 하나로 묶고 있는 반면, 갈리시아Galicia, 아스뚜리아스, 깐따브리아 등은 별개의 지역으로 나누고 있으며, 마찬가지로 레온León과 같은 작은 지역을 까스띠야와는 별개의 독립된 지역으로 다루고 있다는 점입니다.

여기에서 우리는 빠스꾸알이 요리를 역사적 배경을 통해 파악하려 했던 의도를 읽을 수 있습니다. 빠스꾸알은 바스크,

나바라, 라 리오하를 미식의 측면에서 하나의 통합된 지역으로 인식하고 있습니다. 오늘날 이 지역들은 각자 확실한 개성을 드러내는 요리들로 미식 분야에서 높이 평가받고 있지만, 역사적으로는 바스크를 중심으로 하나의 그룹으로 간주하는 것이 지극히 타당하기 때문입니다. 그에 반해 아스뚜리아스는 작지만 레콩키스타의 최초 거점으로서 현대 스페인으로 이어지는 까스띠야 왕국의 초석을 세운 중요한 지역이며, 레온 또한 레온 왕국이라는 번영기를 가진 지역으로 구별지어야 한다는 것으로, 꽤 설득력이 있다고 할 수 있습니다.

이에 반해 프랑스인인 레이몽 드메Raymond Dumas의 분류는 훨씬 대략적인 데다 붙인 이름들도 억지스러운 면이 있습니다. 비스까야만에 면한 지역을 모두 묶어서 '해변 한 귀퉁이의 요리', 까딸루냐를 그대로 '까딸루냐인의 요리'라고 한 것은 그렇다 치더라도, 아라곤Aragon을 '오래된 그리스도교도들의 요리', 발렌시아Valencia를 '블라스꼬 이바녜스*의 요리', 안달루시아를 '신들의 요리'라고 이름 붙인 것은 지나치게 문학적으로 짜 맞춘 느낌입니다.

드메의 분류에서 유일하게 높이 평가할 만한 것은 내륙부

---

* 비센떼 블라스꼬 이바녜스(Vicente Blasco Ibáñez, 1867~1928): 스페인의 소설가. 대표작으로 〈피와 모래〉, 〈묵시록의 네 기사〉가 있다.

의 넓은 지역 요리를 통틀어 '고대 로마의 요리'라고 불렀다는 것입니다. 엑스뜨레마두라Extremadura에서 구 까스띠야*까지, 아래에서 위로 이어지는 스페인 내륙부는 고대 로마제국이 종횡으로 길을 열어 교역을 시작한 거점이기도 합니다. 그 길을 로마 멸망 후에는 게르만 민족이 위에서 아래로 역행했고, 이슬람교도가 북상한 후에 기독교도들이 남하했는데, 이 지역의 문화는 모두 로마인이 쌓아올린 길 위에 많은 민족들의 문화가 겹겹이 쌓여 집대성된 것이라고 말해도 지나치지 않을 것입니다. 게다가 후에 '은의 길Vía de la Plata'이라고 불리게 된 로마 이후의 교역로야말로 스페인 굴지의 와인과 하몬 루트와 일치합니다.

구 까스띠야에서 라 만차 지역까지 스페인 중앙부에 주목하여 그곳을 '아사도 지대'라고 이름 붙인 것은 안또니오 데 베가입니다. 이 역시 역사적 필연을 풍자한 것이라고 받아들이

---

* 까스띠야는 전통적으로 구舊 까스띠야Castilla la Vieja와 신新 까스띠야Castilla la Nueva로 나뉜다. 구 까스띠야는 10세기에 까스띠야 백작령이 있었던 지역을 중심으로 하며, 신 까스띠야는 11세기 알폰소 6세가 정복한 똘레도 왕국 영역이다. 1833년 법령에는 구 까스띠야 지역을 산딴데르, 부르고스, 로그로뇨, 발렌시아, 바야돌리드, 소리아, 세고비아, 아빌라로 구성했고, 신 까스띠야 지역은 시우다드레알, 꾸엔까, 과달라하라, 마드리드, 똘레도로 구성했다. 1978년 헌법에서는 자치주 제도가 도입되었고, 이에 구 까스띠야와 레온 지역을 합쳐 까스띠야 이 레온Castilla y León주가 되었으며, 깐따브리아주와 라 리오하주가 분리되었다. 신 까스띠야는 마드리드주와 까스띠야 라 만차Castilla La Mancha주로 나뉘었다.

지 않을 수가 없습니다. 방금 언급한 로마의 길을 더듬어 내려온 최후의 정복자였던 그리스도교 군대에 의해 스페인 중앙부는 심각하게 파괴되었고 농경을 할 수 없을 정도의 황야가 되었습니다. 결국 그 땅에 남은 생계수단은 양을 중심으로 한 목축뿐이었습니다. 국토 회복을 꾀하던 기독교도의 시대, 이동하는 전선과 궁정에서 유일한 최고의 대접은 아사도였으며, 그것도 대부분이 야외에서 직접 모닥불을 피우고 그 위에 고기를 거는 방법으로 구운 것들이었습니다.

실내에서 요리할 때도 아사도는 장작불 위에서 조리되었습니다. 가스도 전기도 없었던 이 시대, 조리한다는 것은 오가르hogar(아궁이) 요리를 의미했던 것입니다. 여기서 우리가 쓰는 오븐이 나오기까지는 또 긴 세월을 기다려야만 합니다. 그 소박한 아궁이와 함께 걸음마를 시작한 스페인 요리사들이 아사도와 어떻게 씨름했는지를 뒤이어 살펴보도록 하죠.

2. 아사도와 오르노의 변천

중세 스페인의 부엌은 오야(솥), 오르노(아궁이), 그리고 아사도르(로스터)라는 지극히 소박한 설비에서 시작했습니다. 당시의 회화작품이나 그림 타일에는 아궁이 위에 솥이 걸려 있고, 그 앞에는 빙글빙글 돌아가는 꼬챙이를 설치한 아사도르가 고정되어 있어 요리사들이 고기를 굽는 부엌 풍경이 자주 등장합니다. 이 아사도르야말로 가장 오래되었으며 게다가 오랜 시대에 걸쳐 사용되어온 아사도 조리법이었습니다. 요리를 할 수 있는 방법이 매우 한정되어 있던 시대, 빈부의 차이는 식재료의 풍요로움이나 요리사의 실력에는 나타나더라도 조리법에서는 아직 보이지 않았던 것입니다. 궁정이나 귀족 저택의 아사도르에는 꼬챙이가 여러 개 설치되어 있어 동시에 많은 고기를 익힐 수 있게 되어 있었습니다. 거기서 구워지는 소와 양, 들새들을 잘 지켜보고 있다가 제대로 구워지도록 조정하는 것은 한순간도 눈을 뗄 수 없는 일이었음을 상상할 수 있습니다.

불과 몇 십 년 전까지 스페인 요리사들의 대표적인 입문서였던 요리책의 저자, 앙헬 무로(Ángel Muro Goiri, 1839~1897)는 자신의 책에서 아사도에 대해 다음과 같이 쓰고 있습니다. "아사도라는 조리법에서 가장 문제시되는 것은 요리사의 섬세한 감성과 확실한 미각이며, 그것이 결여되었을 때 아사도가 마땅히 받아야 할 평가를 받지 못하게 된다." 그러면서 무로는 동시에 두 종류 이상의 고기를 굽기 위해서 가장 좋은 방법으로 아사도르로 굽는 조리법을 들고 있습니다. 과연 아사도르를 원시적인 과거의 유물로 치부해버릴 수는 없어 보입니다.

하비에르 도밍고가 지적했듯, 중세 시대에 요리란 권력의 상징이었으며 조리를 하는 곳 역시 권력이 구현되는 공간이어야만 했습니다. 즉 많은 요리사와 많은 솥, 거대한 아사도르로 속속 운반되어 오는 대량의 재료, 특히 풍부한 육류가 조리되는 것 자체가 그 궁정의 권위를 나타내는 가장 큰 증거였던 것입니다.

그 대표적인 예가 유스떼 수도원Monasterio de Yuste의 부엌이었습니다. 까를로스 1세(재위 1515~1556)가 만년을 보낸 유스떼 수도원은 엑스뜨레마두라의 깊은 산속에 있어 그야말로 세상을 버린 사람에게 어울리는 곳이었습니다. 그러나 부엌의 반을 차지하고 있는 거대한 아궁이를 보면 정치적 야심이야 어찌되었든 여기서 은둔에 들어간 왕은 먹는 것, 그것도 '대량의 풍요로운 식사'에 대한 집착을 결코 버리지 않았음이 역력히 드러납니다. 까를로스 1세는 대식가로 알려져 있습니다. 매끼 식사 외에도 하루 종일 당시 최고로 여겨졌던 몬딴체스Montánchez산 하몬을 간식으로 집어 먹었으며 거기에 안초비와 소금에 절인 청어를 아주 좋아했다고 하니, 그가 먹고 싶은 것을 마음대로 먹었던 5년간의 은둔생활 끝에 사망한 것도 무리는 아니었겠다 싶습니다. 왕이 좋아하는 먹거리가 끊임없이 전국에서 운반되어 왔고 각지의 산물이 계속해서 유스떼 수도원에 도착했다고 하니, 왕의 권위가 퇴위 후에도 여전히 왕성했음을 알 수 있습니다. 게다가 수도원 부엌의 많은 아사도르를 갖춘 큰 아궁이는 그 사실을 뒷받침합니다. 더욱이 대식, 포식의 끝을 달린 것이 까를로스 1세만은 아니었습니다. 대대로 스페인 왕들은 그 권력의 증거로 보다 큰 아궁이, 보다 풍요로운 식재료, 보다 실력이 좋은 요리사에 계속해서 집착해왔습니다.

17세기 초반 궁정요리사로서 한 시대를 풍미했던 마르띠네스 몬띠뇨가 남긴 크리스마스를 위한 메뉴를 예로 들어보겠습니다. 첫 번째 접시로 오야 뽀드리다를 포함해 열두 종류의 요리를 냈는데 그중 칠면조, 작은 비둘기, 갯가재, 어린양, 암탉이 아사도로 나왔습니다. 두 번째 접시로도 역시 열두 종류의 요리를 냈는데 그중 거세한 소, 오리, 송아지, 개똥지빠귀의 아사도가 있습니다. 세 번째 접시로는 디저트를 포함하여 열두 종류의 요리가 나오는데, 그중 새끼산양의 아사도가 포함되어 있습니다. 즉, 한 번의 식사 메뉴에 열 종류의 아사도가 들어가 있는 것입니다. 참고로 마지막에 언급한 새끼산양의 아사도는 새끼산양 한 마리를 통째로 사용하는데, 머리를 잘라내고 배를 열어서 또시노, 양파, 산양의 간, 채소, 달걀, 향신료 등을 잘게 다져 채우고 라드를 발라 구워낸 다음 흰 빵과 둥글게 슬라이스한 레몬을 곁들여 내는 흥미로운 레시피입니다. 어쨌거나 이렇게 많은 종류와 양의 아사도를 궁정의 식탁에 올리기 위해 얼마나 많은 아사도르와 얼마나 많은 요리사가 필요했을지 상상하게 됩니다.

거의 동시대 요리사로 이탈리아와 프랑스에서 오랫동안 경험을 쌓아왔기에 몬띠뇨와는 또 다른 개성을 가졌던 디에고 그라나도의 메뉴를 살펴볼까요. 그라나도의 아사도와 몬띠뇨의 아사도에서 가장 눈에 띄는 차이는 재료로 무엇을 선택하는가에 있습니다. 앞서 언급했듯, 아사도라고 하면 보통 육류를 지칭하는 스페인 요리 전통과는 달리 몬띠뇨의 메뉴에는 온갖 생선이 등장합니다. 그는 조리법을 설명하기 이전에 우선 아사도에 쓰이는 생선에 대해 꼼꼼하게 설명합니다. 이는 조리법 설명에 앞서 생선을 소개해야 할 정도로 스페인에서 그 생선들이 미지의 식재료였음을 추측하게 하는 대목입니다. 이 점을 생각하더라도 스페인 요리를 단순히 '지중해 요리'로 인식하는 것이 얼마나 부자연스러운 일인지, 무엇보다도 우선해서 어패류 요리에서 스페인 요리의 특질을 찾으려는 것이 얼마나 편견에 차 있는 시각인지 알 수 있습니다. 육류 요리에 관해서는 다양한 것들이 빠짐없이 갖춰져 있던 이 시대에 생선을 많이 다루던 요리사였던 그라나도와 그보다 조금 선배였던 루뻬르또 데 놀라가 모두 이탈리아에서 경력을 쌓았다는 사실이 그것을 뒷받침하고 있습니다.

그라나도가 자신의 책에서 소개한 생선 아사도 조리법을 가자미를 예로 들어 살펴보죠. 그라나도는 가자미rodaballo의 형태부터 자세히 설명한 후에 큰 것은 수프나 조림으로 조리하고, 작은 것은 아사도로 조리하도록 지시합니다. 식초와 소금과 달콤한 와인을 섞은 것에 생선을 1시간 정도 담가두었다가 로즈마리 가지를 깔고 그 위에 올려서 빠리야에서 굽는 것입니다. 여기서 '빠리야parrilla'(그릴)라는 또 하나의 아사도 조리법이 등장합니다. 철망에 재료를 올려 굽거나 혹은 철판에 올려서 굽는 이 조리법은 지금도 스페인에서 생선을 굽는 데 선호되는 방법입니다. 그라나도는 그 외에도 꼬치고기, 잉어, 송어, 장어 아사도를 소개하고 있는데, 대부분 우선 와인이나 식초를 베이스로 한 조미액에 절인 다음 빠리야를 이용해서 굽는 방법으로 조리합니다.

물론 빠리야는 육류의 아사도에도 사용됩니다. 알렉상드르 뒤마는 자신의 기행문에서 "스페인에는 아사도르라는 말은 있지만 아사도르 그 자체는 존재하지 않는다. 있는 것은 빠리야 뿐이다."라고 썼습니다. 그러나 그가 스페인을 방문한 19세기, 아사도르가 자취를 감췄다는 기록은 없으므로 이것은 몇몇 착오에 기인했거나 뒤마가 착각했던 것이라 생각됩니다. 스페인 토끼의 질과 요리, 병아리콩의 특징에 대해서는 자신이 가지고 있는 온갖 지식을 자랑하던 뒤마였지만, 여인숙에 묵으며 도보여행을 했던 그의 일정에서 조리 방법에 대해 통계를 내기에는 치우친 자료밖에 얻을 수 없었던 것은 어쩔 수 없지 않았을까요.

육류를 빠리야로 조리할 때 가장 눈에 띄는 특징은 부위별로 자른 고기 덩어리를 굽기에 적당하다는 점입니다. 뒤마가 묵은 숙소들은 모두 큰 동물을 통째로 구울 필요가 있을 정도로 크거나 호사스러운 곳이 아니었기 때문에 아사도르를 만나지 못했을 것입니다. 그러나 궁정요리에서 서민의 요리로, 귀족 중심의 사회에서 부르주아가 대두하게 되는 시대로 이어지는 역사의 흐름이 거대한 아사도르에서 다루기 쉬운 빠리야로 옮겨 가도록 촉진한 것도 틀림없는 사실이겠죠.

아사도는 아사도르에서 시작해 빠리야를 거쳐 이윽고 오르노(오븐)의 발달과 함께 새로운 시대를 맞이하게 됩니다. 오르노는 다른 유럽 국가들과 마찬가지로 스페인에서도 우선 빵을 굽기 위해 정착했습니다. 재료를 불에 직접 쬐어 가열하는 아사도르나 빠리야와 달리, 일정한 공간을 화력으로 가열한 다음 그 안에 재료를 넣어 조리하는 오르노는 분명 한 단계 진보한 조리법이라고 할 수 있습니다. 초기에는 각 마을의 빵집에만 있던 오르노에서 빵뿐 아니라 육류도 조리되었습니다. 이윽고 이 새로운 조리 수단은 다양하고 새로운 요리를 낳는 계기가 됩니다.

스페인에서는 이 초기의 오르노를 '오르노 모루노horno moruno'(무어인*의 오븐)라고 불렀는데, 스페인 역사의 중요한 순간마다 등장한 무어인들이 이 반원형의 아궁이를 전하는 데에도 공헌했을 것이라 추측됩니다. 이제 아사도 요리가 오르노를 통해 어떤 변화를 겪게 되는지, 그리고 오늘날 스페인의 대표적인 아사도는 무엇인지 살펴볼까 합니다.

3. 현대의 아사도

"북부에서는 푹 끓이고, 중부에서는 굽고, 남부에서는 튀

---

* 711년부터 이베리아 반도를 정복한 마그레브magreb(이슬람을 믿는 북아프리카 지역) 사람들을 부르는 이름.

긴다."

스페인에서 자주 들을 수 있는 말입니다. 이는 분명 스페인 요리의 특징을 매우 거칠게 표현한 것입니다. 그렇지만 분명 까스띠야 이 레온과 까스띠야 라 만차, 이 두 까스띠야 지역을 중심으로 하는 이베리아 반도의 내륙부는 중세 이래 아사도와 함께 살아온 땅입니다.

향토소설가인 홀리오 에스꼬바르*는 까스띠야 아사도의 주역은 '레차소lechazo'와 '또스똔tostón'이라고 말합니다. 레차소는 젖을 먹는 시기의 송아지를 말하고, 또스똔은 젖을 먹는 시기의 아기돼지를 말합니다. 여기서 주목하고 싶은 것은 이들 레찰lechal**을 통째로 구울 때 당연히 오븐을 쓰는 것을 전제하고 있다는 점입니다.

'오르노 모루노'라고 불리는 반구형 돔 형태의 오븐이 언제쯤 정착하여 언제부터 아사도를 조리하는 데 쓰였는지에 관한 정확한 자료는 없습니다. 단지 16세기 무렵 스페인의 과자

---

* 홀리오 에스꼬바르(Julio Escobar, 1901~1994): 까스띠야를 배경으로 한 향토소설을 주로 쓴 소설가. 까스띠야의 유명한 장소, 가톨릭 순례축제, 여관, 오일장 등을 다룬 요리 에세이 〈까스띠야 요리와 보데가 순례Itinerario por las cocinas y bodegas de Castilla〉(1965)로 이름이 알려졌다.

** 스페인어로 젖을 레체leche라고 한다. 레찰lechal은 '젖을 먹는'이라는 형용사인데, 동시에 젖을 먹는 시기의 어린 동물을 가리킨다.

점pastelería*에서는 달콤한 과자와 함께 고기를 넣은 빵도 만들었다는 점에서 그 오븐이 아사도를 조리하는 데에도 쓰이게 되었을 것이며, 이윽고 아사도를 위해 전용 오븐이 만들어졌을 것이라 추측할 수 있습니다.

오늘날의 스페인에서 옛날부터 쓰이던 오르노 모루노로 과자와 빵을 굽는 과자점을 발견하려면 꽤 시골까지 들어가야 하지만, 아사도를 조리하는 데 장작 오븐을 계속 써온 레스토랑을 발견하는 것은 어렵지 않습니다. 세고비아Segovia의 '메종 데 깐디도'**도 그중 하나로, 지금도 오르노 모루노로 '꼬치니요cochinillo'라 불리는 새끼돼지 통구이와 어린양 구이를 굽고 있습니다. 이 레스토랑의 주인인 깐디도 씨는 "오르노는 햇볕에 말린 벽돌이나 내화耐火 벽돌을 오렌지 반 갈라놓은 모양으로 쌓고 거기에 로즈마리와 타임 가지를 태워야 한다."고 말합니다. 이런 형태의 오르노는 빰쁠로나 근교의 시수르 메노르Cizur Menor라는 마을의 레스토랑에서도, 그리고 세고비아 바로 앞에 있는 뻬드라사Pedraza 마을의 레스토랑에서도, 그

---

* 스페인에서 달콤한 과자나 케이크 종류 혹은 고기파이도 빠스뗄pastel이라고 한다.
** 세고비아 지역에는 '꼬치니요'라고 불리는 새끼돼지 통구이가 유명하다. 메손 데 깐디도Mesón De Cándido는 세고비아의 랜드마크인 로마 시대에 건설된 수로교 바로 옆에 위치해 있다. 20세기 초 저명 요리사였던 깐디도 로뻬스(Cándido López, 1903~1992)가 1941년 현재의 자리에 연 레스토랑으로, 꼬치니요 요리가 유명하다.

외에도 옛 아사도 맛을 고집하는 몇몇 레스토랑에서도 볼 수 있습니다. 아주 최근까지도 스페인 중앙부의 아사도는 수세기를 걸쳐 계승된 이 오르노 모루노로 구웠습니다. 그 후 가스의 등장으로 오븐이 바뀌었고 전기의 발견으로 아사도르마저 전기를 이용하게 되었음에도, 많은 사람들이 원시적인 아사도르와 장작을 사용한 오르노를 그리워하며 오늘날에도 이를 사용하는 것을 보다 훌륭한 조리법으로 평가합니다.

앞서 소개한 17세기의 메뉴에 등장하는 많은 아사도가 들새를 비롯한 야생의 작은 동물들을 재료로 썼던 반면, 현대의 아사도는 새끼양 혹은 새끼산양, 새끼돼지 등을 주로 씁니다. 이는 수렵으로 식재료를 조달하는 경우가 많았던 중세에서, 시장에서 식재료를 구입하는 현대로 시대가 변했음을 고려한다면 당연하다고 할 수 있습니다. 그러나 동시에 스페인 사람들의 육류에 대한 기호가 변했다고도 할 수 있습니다. 스페인 사람들은 원래 부드러운 고기일수록 훌륭하다고 여기는 경향이 있었습니다. 아사도라는 조리법은 그 취향을 한층 조장했고, 결국 "한 살 이상의 동물을 아사도로 요리하기 위해 죽이는 것은 요리문화에 있어 아주 어리석은 짓이다."라는 훌리오 에스꼬바르의 말처럼, 레찰을 예찬하는 경향이 정착했습니다.

그렇다면 아사도에 적합하지 않다고 여겨지는 큰 동물의 조리법은 어떻게 변화했을까요? 그 답은 다음 장에서 설명할 '까수엘라'이며, 또 다른 조리법은 '마딴사matanza'입니다. '마딴사'란 돼지를 잡아 각종 보존식품을 가공하는 작업을 의미하며, 옛날에는 스페인 전역에서 마을마다 매우 일상적으로 이루어졌습니다. 현재는 공업적인 식품 생산이 가정 단위에서의 저장식품 생산을 크게 뛰어넘었습니다. 그럼에도 마딴사가 결코 과거의 유물로 전락하지 않고 그 전통을 지키고 있는 이유는 마딴사에 의해 만들어진 것들이야말로 스페인 요리의 기본적인 식재료이기 때문입니다. 하몬jamón, 초리소chorizo, 모르시야morcilla, 로모lomo 등, 스페인 사람들의 식생활을 책임지고 있다고 할 수 있는 돼지고기 가공식품은 모두 마딴사에 의해 만들어졌습니다. 꼬치니요 혹은 또스똔이라고 불리며 통구이로 소비되는 생후 6주 이내의 새끼돼지의 양은 막대한 돼지고기 가공품의 생산량에 비하면 그리 크지 않습니다.

꼬치니요는 세고비아와 그 근교의 아레발로Arévalo라는 마을 사이에 있는 지역의 새끼돼지가 특히 좋으며, 이 일대의 아사도가 최고로 여겨집니다. 안또니오 데 베가는 최고의 새끼돼지 통구이의 조건으로 "이 지역의 밀, 보리를 말린 풀을 먹는 돼지가 낳은, 10일에서 15일 된 새끼돼지를 빵을 굽는 오븐

(즉 오르노 모루노)에서 구울 것"을 들고 있습니다. 이것은 부드럽고 풍미가 좋은 새끼돼지의 생산에 밀, 보리가 자라는 양질의 농지가 필요하다는 것을 의미합니다. 참고로 스페인에서만 나오는 최고 품질의 돼지는 '세르도 이베리꼬cerdo ibérico'로 불립니다. 옛날에는 켈트종이 스페인 남부에 분포했고, 이에 반해 세르도 이베리꼬종은 스페인 북부를 중심으로 사육되었는데, 현재는 반대로 스페인 중서부에서 남동부에 걸친 지역에서 사육되고 있습니다. 다만 아사도의 세계에서는 새끼돼지 통구이의 풍미는 돼지의 품종보다 오히려 새끼돼지에게 주는 젖의 질과 키워진 날 수가 결정하기 때문에, 꼬치니요를 찾아서 이베리꼬종을 주로 사육하는 엑스뜨레마두라와 안달루시아 서부까지 갈 필요는 없습니다.

한편 스페인에서 가장 대표적인 고기 요리라고 일컬어지는 '어린양 구이cordero asado'는 스페인 어디에서든 먹을 수 있지만, 재료의 질 차이는 지역에 따라 매우 큽니다. 그중에도 한 살 이하의 레차소를 생산하는 최고의 생산지는 부르고스, 세고비아, 소리아Soria의 세 지역입니다. 부르고스의 아란다 데 두에로Aranda de Duero 지역은 예부터 어린양 구이로 유명한 곳입니다. 이 지역은 두에로Duero강의 혜택으로 비옥한 들판 중심에 위치해 있으며, 고급 와인으로 잘 알려진 '리베라 델 두에로'의 산지로서도 알려져 있습니다. 이런 사실을 알면 전반적으로 건조한 기상 조건에 놓인 까스띠야 지역에서도 비교적 물이 풍부한 제한된 지대에서 훌륭한 어린양이 생산된다는 것을 눈치 챌 수 있습니다. 까스띠야 이외의 지역에서 질 좋은 어린양이 생산되는 것으로 높이 평가되는 라 리오하, 나바라 역시 유수의 와인 산지라는 점도 그것을 뒷받침합니다. 소설가인 마누엘 바스께스 몬딸반*은 "풀이 난 곳에서 키워진 어린양이라면 스페인의 그 어느 곳에서나 맛있다."라고 말했는데, 이 말이 호들갑으로 들리지 않으려면 이 나라에는 풀이 무성하지 않은 건조한 기후의 지역도 많이 존재한다는 것을 이해할 필요가 있습니다.

하비에르 도밍고는 '조리법에 있어 시간이 느리게 흐르는' 것의 예로 19세기 새끼산양 구이 레시피가 3세기 이전의 것과 그다지 바뀌지 않았다는 점을 들고 있습니다. 19세기의 요리 평론가인 미겔 에스피네 역시 르네상스 이후의 유럽에서 보인 미식의 진전이 스페인에 보급되기까지 많은 시간이 소요되었

---

* 마누엘 바스께스 몬딸반(Manuel Vázquez Montalbán, 1939~2003): 바르셀로나 출신의 시인이자 추리소설가. 그 자신도 미식가였으며, 대표작인 추리소설 시리즈에서 사회비판적 미식가 탐정 뻬뻬 까르발로를 주인공으로 내세운다. 이 시리즈에서 음식은 살인의 긴장을 돋우는 요소다. 몬딸반은 요리책 《까딸루냐 요리Cocina Catalana》, 《비도덕적인 레시피들Recetas inmorales》을 쓰기도 했다.

음을 아사도르의 변천을 예로 들어 설명하고 있습니다. 확실히 아사도는 스페인 요리의 역사에서 가장 진화가 늦고 게다가 그 진화가 환영받지 못한 유일한 조리법이라고 할 수 있습니다. 그리고 이런 아사도라는 요리가 지금도 스페인의 식생활에서 큰 비중을 차지하고 있다는 점이 유럽의 다른 나라들이 스페인 요리를 '원시적인 향토요리'로 얕잡아보게 된 (잘못된) 계기를 허락했을지도 모릅니다. 그런 점에서, 다음 장에서는 다른 나라들, 특히 요리문화에서 스페인에 우월감을 감추지 않는 프랑스보다 앞서 스페인이 가졌던 독특한 조리법, 까수엘라에 대해 설명하고자 합니다.

까수엘라

cazuela

1. 까수엘라의 탄생

덴마크가 낳은 세계적인 작가 안데르센은 1862년에 스페인을 여행하고 쓴 기행문에서 몇 번이나 풍요롭고 맛있는 식사를 칭송하며 이렇게 덧붙이고 있습니다. "맛이 없어서 먹을 만한 것은 무엇 하나 없다는 스페인 요리 중에서 말이다."

북유럽에서 태어난 안데르센이 지중해의 풍요로운 과일에 감동했던 것은 당연한 일이지만, 그가 스페인 요리 자체의 맛과 종류의 다양함 그리고 풍요로운 양에도 감명을 받았다는 것은 확실합니다. 반대로 말해 그가 스페인 음식에 대해 그토록 의외라는 듯 놀라워했던 것은 당시 유럽 여러 나라에서 스페인 식생활에 대한 평가 혹은 스페인 요리의 위치가 낮았기 때문입니다. 스페인의 입장에서는 편견이라고 부를 만한 이 평가를 이해하려면 프랑스와 스페인을 역사적 상황에서 비교해야만 합니다.

프랑스는 부르봉 왕조라는 궁정문화가 무르익었던 시기에 뒤이어 시민문화의 발달로 마리앙투안 카렘*으로 대표되는 요리사들이 등장하는 등 매우 혜택 받은 길을 걸어, 당시 미식 분야의 가장 높은 위치에 섰습니다. 반면 같은 시기, 스페인은 불안정한 정권 교체와 많은 전쟁으로 안정된 식문화를 쌓을 기회도 없이 혼돈의 시대를 보내야만 했습니다. 이 두 나라에는 명확한 차이가 있습니다. 더욱 시대를 거슬러 올라간다면 스페인은 페니키아인들과 그리스인들로 시작해서 지중해를

---

* 마리앙투안 카렘(Marie-Antoine Carême, 1784~1833): 프랑스의 셰프·파티시에. 프랑스 요리의 발전에 크게 공헌하여 당시 '왕국의 셰프이자 셰프의 제왕'이라 불렸다.

건너온 로마인들에 의해 로마제국의 일부로서 발전했던 시기를 거쳤고, 카르타고, 서고트 왕국의 지배를 받았던 시대를 지나, 수백 년에 걸친 아랍인의 지배를 경험했으며, 뒤이어 기독교인에 의한 레콩키스타를 통해 이베리아 반도의 통합이 이뤄집니다. 이렇게 이베리아 반도를 통과해 간 혹은 점령했던 그리고 이 땅에 정착한 민족들의 면면을 보는 것만으로도 스페인이 얼마나 혼혈문화를 가지고 있는지 알 수 있습니다. 그렇기에 스페인의 식문화를 단순히 퇴보와 진보로 판단하는 것은 부당합니다.

게다가 중세의 혼란한 시대, 유일한 수확이라고 할 수 있는 신대륙 발견이 가져다주었던 막대한 부마저 당시 스페인을 지배하던 합스부르크 가문이 영토 유지를 위해 일으켰던 전쟁으로 허송세월한 탓에 모두 사라져버렸고, 오히려 스페인 땅에는 거의 남지 않았습니다. 이런 역사적 상황을 더듬어보면 스페인의 도시들은 한때의 파리, 빈, 베네치아와 같은 번영의 시기를 맞이한 적이 없었고, 궁정은 도시와 도시를 이동한 끝에 신흥 수도 마드리드에 정착했으나 식문화가 원숙기를 맞이할 기회를 놓치고 말았습니다. 즉 스페인 요리는 풍요로운 재료와 민족적으로 다양한 변화를 경험한 조리 형태, 그리고 지리적인 요인으로 인해 필연적일 수밖에 없었던 지역마다의 개성 있는 식생활 등, 이른바 모든 훌륭한 자질을 갖추고 있었습니다. 단지 스페인 요리가 가지지 못했던 것은 훌륭한 자질을 계통화해 요리의 체계를 쌓아갈 시간과 그 시간이 가져다주었을 세련화였다고 할 수 있겠죠.

이런 스페인 요리가 가지고 있는 특징은 '세련되지는 않았지만 역사적 독창성을 가지고 이 나라에서 태어나고 자란 조리 방법'이라고 할 수 있습니다. 그리고 이 조건에 그대로 해당되는 것이 바로 '까수엘라cazuela'를 사용한 조리 방법입니다. 까를로스 델가도의 요리용어사전은 까수엘라를 "깊이보다 면적이 큰 조리도구. 혹은 그것을 사용해 고기 혹은 채소를 끓인 요리"라고 정의하고 있습니다. 일반적으로 현대 스페인에서 까수엘라라고 불리는 것의 대부분은 유약을 바르지 않고 구운 뚝배기를 가리키며, '까수엘라 데 바로cazuela de barro'(점토로 만든 까수엘라)가 정식 명칭입니다. 또 그 뚝배기를 사용한 요리도 대부분 냄비 이름을 그대로 따서 '알 라 까수엘라a la cazuela'라고 부릅니다. '알 라 까수엘라'라는 조리법은 '비교적 소량의 소스와 재료를 뚝배기 안에 함께 넣어 약한 불로 조리는 것'입니다. 이 조리법은 까수엘라가 가진 특징을 그대로 반영하고 있습니다.

'까수엘라'라는 말이 스페인어로 된 책에 처음으로 등장한 것은 1493년으로, 이 말이 오늘날 냄비 이름으로 쓰이는 것과 같은 의미로 기술된 가장 오래된 기록이라 생각됩니다. 스페인의 언어학자인 호안 꼬로미네스(Joan Coromines, 1905~1997)의 《까스띠야어의 어원 및 평론사전》에 따르면, '까수엘라cazuela'는 '까소cazo'라는 말을 어원으로 하고 있으며 오래된 이스파니아Hispania어에서 왔다고 합니다. 이 시기에 까스띠야어와 까딸루냐어 외의 언어로는 아직 이 단어를 기술한 것을 찾아볼 수 없는 것으로 미루어봐서도 이스파니아어에서 왔다는 설이 타당하며, 프랑스어와 이탈리아어에서 '까수엘라'라는 단어가 등장하는 것은 훨씬 이후의 시대입니다.

초기의 까수엘라는 다른 큰 그릇, 그러니까 오야 등에서 수프나 국물을 덜어 나누기 위한 그릇이었는데, 직접 불에 올리거나 하지 않고 식기로 사용되었던 모양입니다. 이후 조리에 까수엘라를 사용하는 현재와 같은 용도로 변화해, 1525년 루뻬르또 데 놀라의 책에는 이미 까수엘라가 중요한 조리도구의 하나로 충분히 활용되고 있었습니다. 당시의 까수엘라는 현재와 같은 형태를 가지고 있었고 소재도 일반적으로는 질그릇이었을 것으로 생각됩니다. 단, 귀족이나 궁정의 주방에서는 대부분 은으로 된 식기와 조리도구만을 사용했다는 기록도 있기 때문에 까수엘라 역시 은으로 만들어진 것이 있었을지도 모릅니다. 그러나 그 시기 궁정요리사들의 레시피를 보면 질그릇으로 된 까수엘라로 조리할 것을 전제하고 있다고밖에는 달리 생각할 수 없는 요리도 있어서, 역시 유약을 바르지 않은 까수엘라로만 만들 수 있는 요리, 까수엘라만의 독자적인 조리법이라는 것이 존재했으리라 생각합니다.

여기서 다시 스페인의 르네상스, 혹은 바로크 시대에 이미 등장한 조리도구와 그 조리법을 살펴보죠. 수프 등을 끓이는 오야olla, 고기를 굽는 아사도르asador, 튀기기 위한 프라이팬 sartén, 그리고 끓이기 위한 까수엘라cazuela입니다. 고기 등을 굽는 조리도구인 '아사도르asador'와 '굽다'라는 의미의 '아사르asar'라는 동사에 대해서는 앞서 설명했습니다. 하지만 오야로 조리하는 것을 표현하는 '에르비르'와 까수엘라로 조리하는 것을 가리키는 '기사르'를 구별하기 위해 이 두 단어의 정의를 분명히 할 필요가 있겠습니다. '에르비르hervir'란 원래 '부글부글 끓이다, 펄펄 끓이다'라는 의미로, 많은 양의 물 혹은 육수 속에 고기나 채소 등을 넣어 끓이는 오야 조리법입니다. '꼬세르cocer'라는 동사도 오야와 떼어놓을 수 없는데, 이것도 '물로 삶는 것, 끓이는 것'부터 넓게는 '익히다'라는 의미로도 사용됩니다.

이에 반해 까수엘라로 조리하는 방법을 나타내는 '기사르

guisar'는 마찬가지로 '끓이다'라는 단어로 옮길 수밖에 없지만 오히려 '조리다'라는 뉘앙스를 가지고 있습니다. 이 경우 끓이기 위한 액체는 물이나 육수가 아니라 소스salsa이며, 오야와 같이 깊이 있는 솥이 아니라 면적이 넓고 깊이가 얕은 까수엘라가 필요합니다. 즉 까수엘라를 사용한 조리가 발달한 것은 소스를 사용한 음식 그리고 와인을 사용한 음식이 발달했음을 의미합니다. 같은 관점에서 까수엘라를 사용하여 조리할 때는 대부분 뚜껑을 덮지 않는데, 이미 이 무렵부터 정착한 형태였다고 생각됩니다.

또 하나의 조리법인 '프레이르freír'는 '튀기는 것'과 비슷한 양의 기름으로 조리하는 것입니다. 이 조리법에 대해서는 다음 장에서 자세히 살펴보도록 하죠. 여기서 주목할 것은 스페인 요리의 주요 조리법은 이 시대에 이미 모두 나왔다는 점, 그 조리도구도 거의 현재와 같은 형태라는 점입니다. 그 이후에는 에너지원이 장작에서 숯으로, 나아가 가스를 거쳐 전기로 변화했다는 점만이 변화했을 뿐, 조리 방법도, 조리도구도, 근본적인 변화는 겪지 않았다고 할 수 있습니다.

다만 조리도구들의 소재가 변화를 겪는 과정에서 유럽 대부분의 나라에서 유약을 바르지 않은 질그릇을 거의 사용하지 않게 되었지만, 스페인만은 계속 사용해왔습니다. 현재도 많은 요리사들이 까수엘라 데 바로를 없어서는 안 될 조리도구로 여기고 있습니다. 나아가 스페인 요리만이 오늘날에도 까수엘라를 조리에 사용하는 동시에 그대로 식탁에 올리는 그릇으로 취급하고 있습니다. 이런 사정은 유럽 요리 속에서 스페인 요리의 성격을 확실히 구분하는 요인이라고 할 수 있겠습니다. 까수엘라는 많은 전통적인 스페인 요리의 존재 기반이기도 합니다. 그러면 이제부터 16세기 이후 스페인의 대표적인 요리사들이 어떤 형태로, 어떤 재료를 가지고 까수엘라를 사용하여 요리에 임했는지 살펴볼까요.

2. 까수엘라 요리가 걸어온 길

1516년에 까를로스 1세, 신성로마제국 황제로서는 카를 5세가 스페인 왕으로 즉위했을 때부터 펠리뻬 2세, 펠리뻬 3세에 이어 1700년 까를로스 2세가 서거했을 때까지를 스페인에서는 '오스트리아 왕가(합스부르크)의 시대'라고 부릅니다. 이 시기, 특히 전반 100년간은 스페인이 국제사회에서 가장 발전을 이룩한 시대였습니다. 문화적으로도 이 시기는 '황금세기Siglo de Oro'로 불리며 문학의 세계에서는 세르반테스, 로

삐 데 베가 등, 미술에서는 엘 그레꼬, 벨라스케스 등, 스페인 최고의 예술가들이 대부분 이 시기에 등장합니다. 나라가 가장 윤택하고 이윽고 도래할 몰락의 기운을 품고 있으면서도 일단 안정되어 있던 이 시기에 훌륭한 요리사들이 나타났던 것도 당연하겠지요.

그러나 이 시대의 '스페인 요리'에 관한 기록을 살펴보는 데 있어 유의해야 할 문제가 있습니다. 까를로스 1세는 아버지에게서 오스트리아와 플랑드르 지역을 계승했고, 어머니에게서는 아라곤, 까스띠야, 나바라, 즉 현재 스페인의 모체가 되었던 지역들*을 비롯해 밀라노, 시칠리아, 사르데냐 그리고 신대륙 발견으로 차지한 지역들을 계승해 광활한 영토를 가지게 됩니다. 그의 아들 펠리뻬 2세 때는 포르투갈, 아프리카 일부, 인도, 대만, 마카오까지 스페인령에 포함되었습니다. 거의 세계 제국이라고 불러도 지나치지 않았던 스페인의 최전성기에는 본국뿐 아니라 세계 각국에서 수업하고 활약하던 요리사가

---

* 까를로스 1세의 어머니 후아나의 부모, 즉 까를로스 1세의 외조부모는 까스띠야 왕국의 이사벨 1세와 아라곤 왕국의 페르난도 2세다. 가톨릭 부부 왕으로 불리는 그들의 결합으로 인해 까스띠야와 아라곤은 통합을 이루었고 이는 현재 스페인의 모체가 되었다. 이사벨 1세와 페르난도 2세는 끄리스또발 꼴론(콜럼버스)의 신대륙 발견을 후원했고, 페르난도 2세는 이탈리아의 주도권을 둘러싼 프랑스와의 분쟁에서 성공을 거두어 나폴리와 시칠리아, 사르데냐, 밀라노를 스페인 영향권에 두었다.

많이 나타났습니다. 그러니 그들의 요리에 '여기까지가 스페인 요리'라고 선을 그을 수 없었던 것은 당연합니다. 애당초 이 시대 유럽에서 국경선은 아직까지 정치와 전쟁의 움직임에 따라 바뀌었으므로 오늘날의 우리가 생각하듯이 고정된 것이 아니었습니다.

그런 요리사로 1525년에 요리책을 낸 루뻬르또 데 놀라가 있습니다. 놀라의 직함은 '나폴리 왕 페르난도의 요리인'으로 되어 있습니다. 이 시기 나폴리는 아라곤 왕국의 속국이었으니 까딸루냐 사람이었던 놀라가 나폴리에서 만든 요리를 이탈리아 요리로 취급하기도, 스페인 요리라고 잘라 말하기도 어렵습니다. 스페인 요리에서 내셔널리즘이 대두된 것은 스페인 부르봉 왕조가 시작되는 18세기부터 그 제국이 쇠퇴한 후인 19세기까지입니다. 이러했던 놀라의 책과 17세기 스페인의 대표적 요리사였던 마르띠네스 몬띠뇨의 책, 나아가 디에고 그라나도의 책을 비교해보면, 이들 세 요리사의 경력 차이가 그 요리 내용의 차이로 나타납니다. 특히나 이번 장의 주제인 까수엘라 요리를 다루는 방법에서 흥미로운 차이로 나타나는 것을 알 수 있습니다.

우선 1599년 출판된 그라나도의 책과 1611년에 출판된 몬띠뇨의 책을 비교해봅시다. 까수엘라를 사용한 요리의 수를 비교하면, 그라나도의 책에는 2개밖에는 나오지 않는 데 반해 몬띠뇨는 12개 이상의 요리에 까수엘라를 사용하고 있습니다. 게다가 까수엘라의 이용 범위도 그라나도의 경우 생선 요리에만 한정되어 있는 데 반해 몬띠뇨는 들새, 고기, 채소 등 거의 모든 재료를 조리하는 데 까수엘라를 등장시킵니다.

이 둘의 차이는 펠리뻬 3세를 모시며 항상 스페인 궁정에 있었던 몬띠뇨와, 이탈리아·독일·프랑스 등에서 수업한 후 스페인에 돌아오자마자 책을 쓴 그라나도의 요리센스 차이라고 볼 수 있습니다. 즉 이 시대, 스페인에서는 까수엘라가 이미 익숙한 조리도구였던 반면 프랑스나 그 외 유럽에서 아직 까수엘라가 등장하지 않았던 것을 이 예를 보더라도 알 수 있습니다. 실제로 프랑스의 요리책에 까수엘라, 즉 캐서롤casserole이라는 단어가 나타난 것은 19세기였고, 캐서롤을 사용한 요리의 발상지가 까딸루냐라고 언급한 것을 볼 수 있으니 까수엘라의 기원이 스페인이라는 설이 여기서도 입증되었다고 할 수 있습니다. 프랑스 요리책에서 까수엘라 같은 푹 끓이는 요리의 조리도구로서 제시하는 것은 마르미트marmite, 스페인어로 말하면 마르미따marmita입니다. 마르미따는 금속으로 된 깊이가 있는 냄비니까 까수엘라보다 오히려 오야 계열에 속합니다. 스페인 북부에서도 마르미따는 자주 사용되지만, 조리할 때 많은 수분을 사용하기에 까수엘라처럼 얕고 두꺼운 질그릇 전체에 천천히 퍼지는 열전도를 이용한 것과는 요리의 의도가 다릅니다. 게다가 스페인 요리에서 마르미따를 사용하는 빈도와 까수엘라를 사용하는 빈도는 비교되지 않을 정도로 까수엘라가 압도적입니다.

단지 여기서 몬띠뇨가 궁정요리사였다는 점에서 의문이 하나 떠오릅니다. 앞서도 언급했다시피 까를로스 1세의 주방에서 모든 조리도구가 은으로 되어 있었다는 기록이 있는데, 그렇다면 까를로스 1세의 요리사였던 바뉴에로도, 뒤이어 펠리뻬 2세의 요리사였던 수아레스도 그리고 펠리뻬 3세의 요리사였던 몬띠뇨도 질그릇 따위는 사용하지 않았던 것이 아닐까 하는 의문입니다. 확실히 이 시대, 궁정뿐 아니라 서민에 이르기까지 은식기는 중요한 의미를 가졌으며 부유함의 상징이기도 했습니다. 이 시기의 소설에는 은식기를 빌려 와 부자를 가장해서 사람들을 대접하는 이야기가 재미있게 풍자되기도 했습니다. 원칙적으로 몬띠뇨가 일했던 왕의 주방은 은제 기구로 넘쳐났을 것입니다. 여기서 몬띠뇨의 레시피 중 하나를 참고로 이 레시피가 질그릇의 사용을 염두에 둔 요리인지, 은제 까수엘라를 염두에 둔 요리인지 탐구해보려 합니다.

닭 한 마리를 냄비(오야)에서 삶은 다음 나눈다. 또시노를 약간 잘게 썰어서 다진 양파와 함께 볶는다. 닭고기를 까수엘라에 펼치고 또시노와 양파 볶은 것을 올린다. 그 위에 송로버섯, 양상추 싹, 혹은 아스파라거스 앞머리 등을 우선 데친 후 올린다. 간을 하고 오야에 남은 닭 육수를 끼얹어 살짝 끓인다. 밀가루 약간과 달걀노른자 4개, 소량의 식초를 끼얹어 끓어오르지 않게 걸쭉하게 만들고, 잘게 썬 빵을 주위에 뿌린 후에 소량의 설탕과 시나몬을 더한다.

위의 레시피를 보면 확실히 몬띠뇨는 강하게 끓지 않도록 가열하여 소스의 농도를 진하게 만들기 위하여 까수엘라를 사용하고 있으며, 주재료인 닭고기와 채소 모두 오야로 가열하여 조리한 후에 더하도록 지시하고 있습니다. 이것은 질그릇으로 된 까수엘라가 가진 성격을 충분히 살리는 방법으로, 몬띠뇨가 사용한 까수엘라는 역시나 질그릇이었다고 추측할 수 있습니다. 식사에 극단적으로 집착하던 왕이 많았던 이 왕가의 역대 왕 중 한 명이었던 펠리뻬 3세도 은식기를 통해 부를 과시하는 것 이상으로 맛있게 조리하는 것 자체를 그의 요리사에게 요구했음에 틀림없습니다.

한편 몬띠뇨로부터 거의 한 세기를 거슬러 올라간 놀라의 책에는 까수엘라로 만드는 요리가 훨씬 많아서 요리의 이름에 '엔 까수엘라en cazuela', 즉 '까수엘라로 만든'이라는 말이 붙은 요리만 17개에 이릅니다. 이것은 놀라가 까수엘라의 발상지인 까딸루냐 출신이었다는 점으로 설명할 수 있겠죠. 까수엘라를 사용하는 법 자체도 몬띠뇨와는 달라서, 익히지 않은 재료에 소스를 끼얹어서 직접 까수엘라로 가열하는 경우도 많고, 훨씬 다양한 방법으로 까수엘라를 사용합니다. 놀라가 쓴 책은 생선 요리에 많은 페이지를 할당하고, 다양한 생선을 취급하고 있는 것이 특징인데, 그 생선의 대부분을 까수엘라로 조리하도록 지시했습니다. 이것은 놀라에게 있어 까수엘라는 무엇보다도 생선 요리에 빼놓을 수 없는 조리도구였음을 의미합니다. 식재료의 측면에서 놀라는 자신이 머물렀던 나폴리에서 얻을 수 있었던 다양한 생선을 사용했으며, 조리에 임할 때는 자신이 태어난 고향 까딸루냐의 전통적인 방법인 까수엘라를 많이 사용했습니다. 이와 같은 놀라의 자세는 이 시대 스페인의 세계를 향한 확장과 그에 대한 스페인 사람들의 적응법을 상징적으로 보여준다고 할 수 있지 않을까요.

이렇게 까딸루냐에서 시작된 까수엘라 요리는 얼마 지나지 않아 스페인 전역으로 퍼져나가 스페인 요리체계의 확립과 함께 대표적인 조리법 중 하나로 자리매김하게 됩니다.

3. 현대의 까수엘라

스페인에서 출판된 요리책은 마드리드에 뿌리를 둔 저자들이 쓴 것과 까딸루냐에 뿌리를 둔 저자들이 쓴 것으로 크게 나눌 수 있습니다. 그러나 스페인에서 가장 오래된 요리책이 까딸루냐 출신 저자인 루뻬르또 데 놀라가 쓴 것이라는 점을 미루어볼 때도 요리 분야에서 까딸루냐 문화권의 영향력이 우세하다는 것은 부정할 수 없어 보입니다. 오늘날에도 여전히 요리 관련 잡지사의 대부분이 바르셀로나를 거점으로 두고 있으며, 전문가를 위한 내실 있는 요리학교도 바르셀로나에 많이 있다는 점을 생각해보더라도 지중해에 면한 이 지역이 미식 분야에 공헌한 정도를 알 수 있습니다. 다만 이 지역 사람들의 애향심이 너무 강한 나머지 그들의 저술이 까딸루냐 요리에 편중되는 경향이 있어서 스페인 미식 분야에 까딸루냐 지역만 존재하는 듯한 인상도 줍니다. 그러므로 공정함이라는 관점으로 바라보았을 때, 마드리드 출신의 저자들이 훨씬 공정하게 스페인 요리의 전모를 바라보고 있다고 할 수 있습니다.

까수엘라는 까딸루냐에 뿌리를 두고 있지만 오늘날에는 의심할 여지없이 스페인 전국으로 보급된 조리법입니다. 따라서 어떤 요리책이라도 스페인 요리를 아우르고 있는 것이라면 까수엘라가 등장하지 않는 일은 있을 수 없으며 특히 까딸루냐 요리를 다룬 책에서는 다양한 분야에서 까수엘라가 사용되고 있습니다. 놀라는 16세기 초에 이미 채소, 쌀, 고기 등 다양한 식재료를 까수엘라로 조리했으니 그때부터 까딸루냐 요리 속에서 까수엘라가 점하는 비중은 그만큼 컸습니다. 놀라의 레시피 중 몇몇은 현재도 까딸루냐에서 거의 변함없이 이어져 내려오고 있습니다.

'정어리 까수엘라sardinas en cazuela'라는 요리를 예로 들어 비교해볼까요.

살이 오른 정어리를 선택해서 씻은 후 후추와 생강, 사프란을 잘게 부순 것, 파슬리를 잘게 썬 것과 허브, 잣, 아몬드, 건포도를 정어리와 잘 섞어서 기름과 함께 까수엘라에 넣고 오븐이나 숯불로 조리한다.

이것이 놀라의 레시피입니다.

까수엘라에 토마토소스를 넣고, 씻은 정어리와 붉은 피망, 양파, 마늘, 파슬리를 잘게 썰어서 소금, 후추, 사프란으로 조미한 것을 반씩 교대로 쌓고 오일을 끼얹어서 약한 불에서 조리한다.

이것은 현대의 안나 마리아 까레라Ana María Carrera라는 저자의 레시피입니다.

정어리를 날것으로 까수엘라에 넣고 익히는 기본적인 조리법은 전혀 변하지 않았습니다. 재료에서 크게 다른 것은 현대의 레시피는 토마토를 베이스로 하고 있으며, 놀라가 사용한 잣 등의 견과류와 말린 과일 등의 이국적인 소재가 자취를 감추고 피망과 양파가 등장했다는 점입니다. 맛을 내는 기본 재료가 후추와 사프란이라는 까딸루냐 요리의 특징은 두 레시피 모두 변함없습니다. 두 레시피의 차이점을 각 요리사의 취향 차이에서 찾지 않는다면 '신대륙 발견'이라는 사건이 답이라고 할 수 있습니다. 토마토도 피망도 1530년대 후반부터 서서히 아메리카에서 스페인으로 전달되기 시작했는데 완전히 보급되기까지는 세월이 더 필요했습니다. 즉 16세기의 요리사들에게 토마토와 피망은 아직 존재하지 않은 식재료였던 것입니다. 아울러 스페인 요리에 꼭 필요한 양파도 17세기 무렵까지는 천하게 여겨져 고귀한 식탁에는 오르지 않았고, 반대로 매우 비싼 조미료였던 후추는 책에는 나오더라도 일반적으로는 사용되지 못했습니다.

까수엘라를 사용한 요리로 16세기경부터 등장한 것으로 '에스까베체escabeche'[*]가 있습니다. 꼬로미네스의 사전에 따르면, 에스까베체는 "고기나 생선에 끼얹어 보존하기 위해 식초와 소금으로 조미한 소스"를 의미하는 아랍어에 뿌리를 둔 단어로, 스페인에서는 에스까베체 소스를 끼얹은 요리 자체를 의미하게 되었다고 합니다. 확실히 이 요리는 아랍의 영향을 받아 스페인에서 완성된 얼마 안 되는 요리 중 하나라고 할 수 있습니다. 아랍의 조리법은 대부분 스페인에서 뿌리를 내리지 못하고 사라졌습니다. 그러나 그중에서 에스까베체만은 스페인 사람들의 취향에 잘 맞았고, 까수엘라라는 조리도구를 얻어 한층 보급되었다고 추측할 수 있습니다.

이 요리 역시 수세기 전의 레시피와 현재의 레시피에 큰 차이가 없습니다.

"한 번 튀긴 송어에 식초와 허브를 베이스로 해서 꿀을 더한 소스를 끼얹고 까수엘라에서 약한 불로 조린다." 이것이 펠리뻬 3세를 모시던 몬띠뇨의 레시피입니다. 요리에 꿀을 더하

---

[*] 생선 혹은 닭고기 등의 재료를 튀기거나 삶아서 와인이나 식초, 올리브유, 월계수 잎과 사프란 등 허브를 섞은 소스에 하룻밤 이상 재워서 먹거나 오래 보존하기 위한 조리법과 그 소스를 일컫는다. 이 조리법이 일본으로 전해져 '난반즈케南蛮漬け'라는 조리법이 되었는데, 이 역시 생선 등을 한 번 튀긴 후 식초와 간장과 채 친 채소를 섞은 소스에 재운다.

여 달콤새콤하게 조리하는 이 시대 특유의 취향이었던 아그리둘세agridulce로 맛을 내지 않는다면, 현대에도 그대로 통용되는 레시피입니다.

까딸루냐 이외 지역의 까수엘라 요리를 살펴봅시다. 까딸루냐와 인접한 발렌시아는 스페인 유일의 쌀 산지로, 이 지역에서는 당연히 까수엘라로 만든 쌀 요리가 발달했습니다. 특히 빠에야가 유명한데, 요리 이름과 동일하게 '빠에야'라고 불리는 얕은 철 냄비를 사용한 쌀 요리입니다. 반면 질그릇의 보온성과 느리게 가열되는 성질을 살릴 수 있는 까수엘라 요리는 쌀을 보다 촉촉하게 구워낼 수 있으며, 특히 조리할 때 수분을 많이 필요로 하는 채소가 들어가는 쌀 요리에 주로 사용됩니다. 이런 요리에는 통마늘과 둥글게 슬라이스한 감자를 넣은 '아로스 알 오르노arroz al horno', 채소와 돼지고기를 넣은 '아로스 꼰 꼬스띠야arroz con costilla', 흰 강낭콩과 무가 대량으로 들어가는 '아로스 엔 페솔스 이 납스arròs en fesols i naps' 등의 쌀 요리가 있습니다.

스페인 중앙부 요리 중에서 까수엘라를 사용하는 것으로 언급하고 싶은 것은 '삐스또pisto'입니다. 이것도 오래전부터 전해 내려오는 요리인데, 베이스가 되는 재료가 토마토이니 적어도 신대륙 발견 이후에 만들어진 요리라고 할 수 있습니다. 양파, 피망, 주키니호박 등을 잘게 썰어서 소프리또sofrito로 만들고 나서 토마토를 넣어 천천히 끓이는 것이 이 요리의 기본 형태이며, 지역에 따라 넣는 채소의 종류와 맛의 베이스가 되는 기름 종류에 차이가 있습니다. 올리브유와 하몬으로 맛을 내고 양파와 피망만 넣는 아스뚜리아스풍, 라드와 또시노를 베이스로 호박을 더하는 까스띠야풍, 감자가 들어가는 갈리시아풍, 가지가 들어가는 무르시아풍 등 다양하지만, 어떤 지역에서나 예부터 지극히 서민적인 요리였음은 틀림없습니다. 마지막에 달걀을 넣어서 스크램블 에그처럼 완성시키는 것도 많은데, 채소를 토마토의 수분만으로 천천히 끓이기 위해서도, 거의 잔열로 달걀을 익히기 위해서도 이 요리는 까수엘라 없이는 만들 수 없는 것 중 하나입니다.

한편 어패류 요리에 관해서는 스페인 최고로 꼽히는 바스크 요리에서도 까수엘라는 필수 조리도구입니다. 예를 들어 '바스크풍 대구 요리merluza a la vasca'는 까수엘라에 기름을 두르고 토막 낸 대구에 파슬리, 바지락 등 조미료 역할을 하는 재료를 더해 소량의 와인이나 육수로 끓이는 요리입니다. 주인공인 생선을 익히는 동시에 소스를 만들어가는 조리법을 써 까수엘라가 가진 장점을 최대한으로 살린 한 접시입니다. 그 외에도 꼴뚜기 살이 열에 딱딱하게 익는 것을 막으면서 먹물을 소스 삼아 끓이는 꼴뚜기먹물 찜인 '치뻬로네스 엔 수 띤따 chipirones en su tinta', 말린 대구를 물에 불린 후 올리브유 속에서 흔들면서 가열하는 방법으로 기름을 유화시켜서 완성하는 '바깔라오* 알 삘삘bacalao al pilpil' 등, 바스크를 대표하는 많은 요리가 까수엘라로 만들어집니다.

이들 생선 요리에 비해 육류로 만든 까수엘라 요리 중 대중적인 것은 그다지 많지 않습니다. 마드리드풍 곱창전골인 '까요스 알 라 마드릴레냐callos a la madrileña', 닭 내장탕에 해당하는 '뽀요 엔 찬파이나pollo en chanfaina' 등과 같이 이미 데치거나 구운 고기를 까수엘라에 넣고 소스를 끼얹어 비교적 장시간 끓이는 것이 육류를 까수엘라로 조리할 때의 공통된 방법이라고 할 수 있습니다. 이것은 단시간에 조리해내고 싶은 생선과는 반대로 소스의 맛이 잘 배어들 때까지 천천히 가열하여 고기를 부드럽게 하고자 한 것입니다.

한편 몬띠뇨의 책에는 까수엘라 요리로 '잣을 넣은 돼지발

---

* 소금에 절여 말린 대구. 다량의 소금을 사용해 대구 살을 절이기 때문에 강한 염분에 단백질이 굳어서 오랫동안 보존이 가능하며, 운송이 발달하지 않은 옛날에도 바닷가에서 내륙까지 상하지 않게 운반할 수 있었다. 스페인 대부분의 지역에서 흔히 먹는 서민적인 식재료다. 물에 하룻밤 정도 담가 염분을 빼고 조리한다.

까수엘라' 등 소금과 다량의 설탕, 시나몬으로 조미한 신기한 고기 요리가 나옵니다. 16~17세기 스페인에서는 요리에 설탕과 꿀로 단맛을 내는 것이 결코 드문 일은 아니었습니다. 점차 짠맛과 단맛이 확실히 분리되면서, 일반 요리와 과일, 과자가 혼재되었던 메뉴 구성에서 요리를 먹고 난 후 뽀스뜨레postre가 나오는 오늘날과 같은 메뉴로 변화하기 시작합니다.

뽀스뜨레
Postre

1. 뽀스뜨레의 탄생

스페인은 '황금세기' 혹은 '태양이 지지 않는 대제국'이라 불렸던 시대를 거치면서도 결코 내실이 풍요롭지는 못했습니다. 그렇기에 완성도나 세련도만으로 요리를 평가하는 것은 스페인 요리의 특징을 무시한 일방적인 평가일 수밖에 없습니다. 이번 장에서 다룰 뽀스뜨레postre, 즉 디저트는 요리 중에서 가장 나중에 완성되었습니다. 그런 점에서 요리문화가 완전히 성숙할 정도로 진정한 번영기를 누리지 못했던 스페인에서 고도의 기술로 만든 디저트나 완성된 제과술을 기대하기는 어려웠겠죠. 하지만 역사가 스페인에 안정된 시기를 주지 않은 대신 다양한 민족이 이 땅을 거쳤고, 이러한 이문화 혼합의 산물로서 독자적인 요리문화를 가져다주었습니다. 그중에서도 '둘세dulce'(단것)의 변천은 스페인이 걸어온 역사의 다양성을 상징합니다.

스페인 요리체계에서 '둘세'가 어떤 위치에 있는지 살피려면 우선 고대 로마 시대까지 거슬러 올라가야 합니다. "요리인의 위치를 노예에서 예술가로 끌어올렸다."고 일컬어지는 로마의 문화가 발자취를 남긴 나라는 물론 스페인만은 아닙니다. 하지만 로마 문화는 까딸루냐를 중심으로 한 지중해 연안 지역에 그 영향을 여실히 남겼죠. 로마제국에서 귀하게 사용되었던 '가룸garum'*이라는 조미료가 주로 생산되던 곳이 이베리아 반도, 즉 스페인이었던 점을 생각해보면, 식문화는 이베리아 반도와 로마 본국 사이의 교류에서 점점 큰 비중을 갖게 됨

---

* 등푸른생선으로 만든 어간장과 같은 소스의 일종.

니다. 그리고 고기, 생선 등을 조리할 때 벌꿀을 넣어 달콤하게 맛을 내는 로마의 독자적인 기호는 로마 식민지 중에서 다른 어떤 곳보다 밀접하게 이 땅에 전해졌습니다.

로마에 이어 미식 분야에 새로운 요소를 더하게 된 것은 비잔틴제국과 뒤이은 이슬람의 대두입니다. 요리에 단맛을 첨가하는 '둘세'가 아니라 순수하게 단것, 디저트에 해당하는 것도 이 무렵부터 많이 등장합니다. 비잔틴의 요리체계에는 이미 많은 종류의 치즈가 편입되어 있었습니다. 이런 흐름을 이어받은 이슬람 문화는 페르시아를 통해 중국, 인도 등 동방의 영향까지 받아들였고, 스페인에 다양한 향료와 그 사용 방법을 전달했습니다. 뿐만 아니라 이슬람 사람들이 이베리아 반도에 가져다준 특별한 것은 관개법과 사탕수수입니다.

이렇게 해서 15세기부터 16세기에 걸쳐 까딸루냐어로 된 요리 관련 서적이 출판되기 시작했을 때, 당시 까딸루냐 혹은 아라곤 등 스페인계 유럽의 영향 이상으로 옛 아랍과 로마 계통의 식문화가 남긴 유산이 눈에 띄게 나타났던 것입니다. 여기에서 유럽과 오리엔트의 접점이라고도 할 수 있는 스페인 요리문화의 성격이 이미 형성되었다는 것을 알 수 있습니다. 1525년 루뻬르또 데 놀라의 책에 실린 레시피를 보면, 시나몬으로 향을 내고 사프란, 고수 등의 허브를 풍부하게 사용하며,

짠맛과 단맛을 함께 내는 등의 특징이 확실히 나타납니다. 또 오렌지 과즙, 장미수로 맛을 내는 것도 당시 까딸루냐 요리에서 자주 볼 수 있는데, 이것도 확실히 동방의 흔적입니다.

하지만 놀라의 책에는 아직 '뽀스뜨레'라는 개념은 등장하지 않습니다. 등장하기는커녕 훨씬 시대가 흘러 17세기 초에 나온 몬띠뇨의 책에서도 완전히 디저트라고 부를 만한 음식을 세 번째 접시에 포함시키고 있으니, 이것을 보더라도 뽀스뜨레가 따로 분리되어 있지 않았음을 알 수 있습니다. 가까스로 그 메뉴 뒤에 '이 메뉴에 맞춘 과일과 치즈'라는 항목이 있는데, 이것이 뽀스뜨레에 해당되는 위치를 차지하고 있음을 확인할 수 있을 정도입니다. 즉, 이 시대에 이르러서도 아직 과자류는 생선 요리나 고기 요리와 동시에 식탁에 놓였던 것입니다. 그리고 또한 앞서 언급했던 것처럼 하나의 요리 속에 짠맛과 단맛이 섞인 것도 이 시대에 아직 많이 존재했다는 사실을 이들 책이 증명합니다.

놀라의 책에서 그런 맛을 가진 요리를 모아봅시다. 놀라는 가지를 즐겨 사용했는데, 까수엘라로 조리할 때 "가지를 고깃국물, 양파와 함께 끓인 후, 아라곤 치즈와 달걀노른자를 더하고, 생강·넛메그·파슬리 등으로 향을 더한 후 까수엘라로 옮겨 다시 끓이고 마지막으로 설탕과 시나몬을 뿌린다."라고 썼습니다. 이와 같이 조리 과정의 마지막에 설탕과 시나몬을 뿌려서 마무리하는 요리가 이 책에는 수프와 소스 종류를 포함해 수십 종에 달합니다. 쌀 요리도 마찬가지입니다. 육수에 넣어 익힌 쌀 요리에는 "소금 간을 한 육수를 바글바글 끓인 것에 산양젖이나 양젖, 아몬드 밀크를 더해 쌀을 끓인 후, 달걀노른자를 섞어 설탕과 시나몬을 뿌리는" 요리도 있습니다. 이 레시피 말미에 "설탕은 꼭 뿌려야 하는 것은 아니지만, 설탕을 뿌려서 맛이 나빠지는 요리는 없으므로, 각자의 취향에 맞춘다."라고 덧붙였습니다. 이 부분을 보면 설탕을 사용한 조리가 꽤 일반적이었다고 생각할 수 있습니다(물론 놀라의 개인적인 기호도 고려해야겠지만요). 이 책에는 설탕 혹은 꿀을 더한 요리가 레시피 전체의 약 절반을 차지하고 있는 데다, 설탕을 사용하지 않더라도 달콤한 와인이나 과즙을 써서 새콤달콤한 맛 agridulce으로 완성하는 요리나 오일을 포함해 달콤한 것을 쓰라고 지시하는 요리까지 치면 약 70%의 레시피에 단맛이 사용되고 있습니다. 그럼에도 그중에 순수한 단맛만 나는, 오늘날의 디저트로 구별할 수 있는 것은 요리 사이에 흩어져 있어서 10%도 되지 않습니다. 이 시대에 설탕은 아직 귀중품이었으니까, 왕의 요리사였던 놀라가 실컷 쓰고 있다고 해서 일반 서민의 식생활도 같은 수준이었으리라 추측할 수는 없습니다.

하지만 설탕 혹은 꿀을 요리에 사용하는 취향은 이 시대에 시작되어 오랜 세월 동안 스페인 미각의 일부분을 차지해왔다고 볼 수 있겠죠. 실제로 지중해 연안의 무르시아와 발레아레스 제도에는 오늘날에도 이런 기호가 계승되어 남아 있습니다.

그런데 요리에 단맛을 첨가하는 것이 점차 유행하지 않게 되었던 것과는 반대로 원래 과일이나 치즈밖에 없었던 단순한 뽀스뜨레는 조금씩 내실을 갖춰갔습니다. 그 정점에 《제과 기술의 예술Arte de Repostería》이라는 책이 있습니다. 이 책은 제과 기술만을 전문적으로 다루었는데, 1736년 간행되었습니다. 저자는 후안 델 라 마따Juan de la Mata, 직함은 '레뽀스떼로repostero'입니다. 당시 이 직함은 왕가에서 봉사하며 제과 일반을 책임지고 장인들을 지도하는 위치로, 귀족 출신이 아니면 맡을 수 없었던 시대도 있었다고 합니다. 즉, 이 책이 나오기 이전 시기에 이미 꼬시네로cocinero(요리사)와 레뽀스떼로는 별개의 전문직으로 분화되어 있었고, 단것을 따로 떼어 요리 뒤에 낸다는 발상도 이 무렵에는 어느 정도 정착했음을 확실히 알 수 있었습니다. 덧붙여서 에스빠사 깔뻬 출판사의 《백과사전Enciclopedia universal Espasa-Calpe》에서 레뽀스떼리아repostería의 의미를 찾아보면 '가루·유지·달걀·설탕·아몬드·꿀·향신료와 그 외의 재료를 사용해 과자류를 제조하는 작업'이라는 해

설로 시작하고 있는데, 이는 스페인 과자의 개념에서 중요한 부분을 다루고 있어 흥미롭습니다. 그럼에도 불구하고 이 해석은 제과 기술이라는 좁은 의미로만 '레뽀스떼리아'를 파악하고 있습니다. 일반적으로 레뽀스떼리아는 '단것과 파스타, 차가운 고기, 소시지 그리고 음료를 만들어 파는 곳'이라는 의미를 가지고 있었습니다. 즉 과자를 파는 가게인 동시에 미리 만들어둔 간단한 요리도 함께 파는 가게라는 개념이 원래부터 있었던 것입니다. 여기서 중세 스페인에서 유일하게 화덕을 가지고 있었던 빵집, 혹은 과자가게에서 달콤한 과자류뿐 아니라 간단한 요리와 일부 고기 요리도 판매했다는 것을 떠올릴 필요가 있습니다. 중세뿐 아닙니다. 무르시아 지역의 과자가게에서는 달콤한 파이 껍질 속에 고기 요리를 채운, 디저트라고 하기도, 그렇다고 요리로 구별 짓기도 어려운 파이를 17세기 이래로 지금까지 전통 그대로 만들고 있습니다. 짠맛과 단맛의 혼합이라는 취향과 요리와 과자의 혼재라는 중세의 식습관이 지금도 계승되고 있는 것입니다.

그럼 마따의 책을 출발점으로 삼아 이슬람 문화에서 가톨릭으로, 그리고 신대륙 발견을 거쳐 중세에서 근대로, 시대의 움직임 속에서 '뽀스뜨레'라는 개념이 스페인에서 변화해온 과정을 더듬어보죠.

2. 뽀스뜨레의 변천

레뽀스떼로인 후안 델 라 마따에 대해서는 마딸라비야 Matalavilla라는 마을에서 태어난 까스띠야 사람으로, 마드리드를 거점으로 활약했다는 것 말고는 자세히 알려진 경력이 없습니다. 하지만 그의 책은 역사상 귀중한 제과 전문서로서, 18세기 전반 스페인의 뽀스뜨레 개념을 꽤 정확히 전하고 있습니다. 그의 책에 등장하는 풍부한 종류의 뽀스뜨레 중에 특히 많은 페이지가 할애된 것은 역시 과일을 사용한 다양한 뽀스뜨레입니다. 스페인은 유럽에서도 질 좋은 과일이 풍요롭게 생산된다고 역사에서도 정평이 나 있었으며, 스페인을 방문했던 여행자들이 어느 시대나 감탄해 마지않으며 과일에 관해 많은 말을 남겼습니다. 마따의 책의 근간을 이루는 것은 그런 훌륭한 과일을 사용한 뽀스뜨레와 유대인들의 전통을 이어받아 발전시킨 밀가루를 사용한 뽀스뜨레, 이 두 가지입니다.

우선 각종 설탕을 다루는 방법이 마따의 책 제1장을 차지한 데 주목하려 합니다. 옛날에는 귀중품이었던 설탕이 점차 보급되어 제과에서 가장 근본적인 식재료가 된 것은 마따의 시대에서 그렇게 거슬러 올라간 옛날이 아니기 때문입니다. 이미 언급했듯, 로마제국 이래로 벌꿀을 사용하는 전통은 까딸루냐를 중심으로 한 지중해 연안에 오랫동안 정착했지만, 꿀을 많이 사용해서 과자를 만드는 방법을 이베리아 반도에 보급하는 데 더욱 기여했던 것은 이슬람 문화였습니다. 가톨릭 교도들이 이슬람교도들을 추방하거나 개종시킨 후에도 이슬람 문화의 영향은 여러 형태로 스페인 전국에 남아 있었습니다. 그중에서도 튀기거나 꿀을 끼었거나 하는 아랍계 과자와 그 취향은 스페인 서민문화 속에 깊이 침투하여 뿌리를 내렸던 것입니다.

반면 설탕의 사용을 크게 진전시킨 것은 신대륙 발견이었습니다. 신대륙에서 사탕수수 재배가 성공하자 스페인의 뽀스뜨레는 새로운 전기를 맞이했으며 그 집대성이 바로 1736년에 발간된 마따의 책이라고 할 수 있습니다. 설탕이 더욱 보급되고 가격이 내려간 것은 사탕무에서 설탕을 정제하는 방법이 발견되어 공업화된 19세기 초까지 기다려야 했지만 말입니다.

마따의 책에는 설탕을 정제하는 방법이 몇 종류나 쓰여 있는데, 이는 당시 설탕을 다시 정제해서 사용해야만 했다는 것과, 그럼에도 이미 뽀스뜨레에는 양질의 설탕이 꼭 필요했다는 것을 말해줍니다. 이렇게 스페인의 뽀스뜨레는 꿀만을 사용했던 시대에서, 꿀과 설탕을 함께 사용하는 시대로, 설탕을 더욱 중요하게 여기는 시대로 이행하게 됩니다. 17세기 초의 작가 세르반테스가 쓴 "설탕과 꿀로 만들어진 많은 맛있는 것들"이라는 구절은 당시 스페인의 과자 혹은 뽀스뜨레의 일반적인 이미지를 상징합니다.

이어 마따가 설명하는 것은 한 해 동안 매달 해야 하는 일입니다. 마따는 계절 과일과 꽃을 사용해서 만들어놓아야 하는 뽀스뜨레와 보존식품을 설명했는데, 몇 가지를 예로 들어봅시다. 우선 3~4월에 해야 할 일로 제비꽃을 언급합니다. 잼, 설탕절임, 페이스트, 시럽 등 여러 형태로 이용할 수 있다고 썼는데, 구운 과자를 비롯한 각종 과자에 제비꽃 향을 즐겨 썼음을 알 수 있습니다. 5월에는 어린 아몬드 열매와 호두를 설탕에 조리거나 페이스트 형태로 만들어 보존하도록 권합니다. 오렌지 꽃을 말리거나 잼으로 만들어 1년 내내 보존하는 것이 6월의 임무가 된 것은 오렌지 향을 광적으로 좋아하는 이 나라의 전통으로서는 당연하겠죠. 8월에 오이, 케이퍼 열매 alcaparra, 피망 등을 겨울에 대비해 소금과 식초에 절여두라고 쓴 것을 보면 피클 제조 역시 제과 장인의 일이었던 것 같습니다. 이 책에는 과자로 만들기 위한 과일과 보존하기 위한 과일만 언급하고 있지만, 5월의 청포도부터 1~2월의 레몬과 오렌지에 이르기까지 많은 종류의 과일이 등장합니다. 태양의 은총으로 거의 1년 내내 신선한 과일을 어려움 없이 구할 수 있는 스페인임에도, 많은 과일이 가공되고 보존되는 것입니다. 이는 뽀스뜨레로서 과일의 존재가 얼마나 중요했는지를 보여 줍니다. 다시 말해, 과일 없이는 뽀스뜨레를 상상할 수 없었기에 생과일뿐 아니라 여러 형태의 가공된 과일이 중요했음을 알 수 있습니다.

이들 과일 중에서는 포도나 무화과같이 그리스에서 오거나 살구나 버찌, 석류같이 소아시아에서 로마를 통해 전해진 것, 그 외에 멜론, 복숭아, 레몬 등 로마제국 시대부터 재배된 것도 있으며, 비교적 최근 유럽의 식생활에 등장한 것도 있습니다. 예를 들어 파인애플은 신대륙 발견으로 유럽에 소개된 과일 중 하나입니다. 마따는 파인애플을 생으로 먹거나 시럽에 넣어 먹도록 소개하고 있는데, 그에게 생소하고 익숙하게 다루지 않았던 과일이었는지 그 외에 파인애플을 이용한 과자는 나오지 않습니다. 버찌, 자두, 배 등이 실로 다양하게 사용되고 있는 데 반해 파인애플을 비롯해 아보카도, 망고 등 신대륙에서 전해진 과일이 스페인 디저트의 세계에서 시민권을 얻는 것은 꽤 나중의 일이라는 것을 알 수 있습니다. 요리의 세계에서는 스페인에서 아메리카로 전해진 닭이 아메리카에서 보급되는 속도보다 아메리카에서 유럽으로 전해진 칠면조가 유럽 전역으로 보급되는 속도가 훨씬 빨랐다고 합니다. 하지만 과자의 세계에서는 아메리카 원산의 과일이 스페인 과자에 끼친 영향보다 아메리카로 옮겨져 재배된 사탕수수가 스페인의 설탕 보급률을 높였다는 공로가 훨씬 큽니다.

초꼴라떼chocolate는 신대륙에서 도착한 식재료 중 가장 중요합니다. 원래 초꼴라떼는 과자가 아니라 음료로서 스페인에 전해졌습니다. 이 음료는 신대륙에 이주한 스페인 사회에 완전히 정착했는데, 특히 여성들 사이에서 너무 인기가 높아서 화제가 될 정도였다고 합니다. 알렉상드르 뒤마는 스페인 여행기에서 멕시코의 초꼴라떼가 교회까지 들썩이게 했다는 에피소드를 재밌고도 위트 있게 쓰고 있습니다. 따뜻한 음료인 초꼴라떼의 유행은 스페인을 거쳐 이탈리아, 프랑스로 확대되었습니다. 마따의 시대는 이미 과자의 재료로써 초콜릿을 사용하는 것이 일반화된 후였습니다. 그의 책에는 초콜릿이 들어간 비스꼬초bizcocho*와 빠스띠야pastilla(캔디와 닮은 설탕과자) 등의 레시피가 실려 있습니다. 그중에서도 비스꼬초는 과일을 사용한 뽀스뜨레와 쌍벽을 이루는 밀가루를 사용한 대

---

* 비스꼬초는 두 가지 타입의 빵을 모두 가리킨다. 첫 번째는 달콤하고 폭신한 스폰지 케이크 같은 과자로, 보통 밀가루, 달걀, 설탕으로 반죽하여 오븐에서 굽는 빵이다. 두 번째는 이탈리아의 비스코티biscotti처럼 오랫동안 보존하기 위해 두 번 구워 수분을 날린 빵이다. 비스코티가 '두 번 굽다'라는 조리법에서 나온 명칭이라는 점을 생각하면 이 역시 쉽게 상상할 수 있다.

표적인 뽀스뜨레라고 할 수 있습니다.

오래전부터 유대인들은 영양가 많은 밀을 주목했는데, 그 전통이 이베리아에 전해져 밀가루를 사용한 뽀스뜨레가 탄생합니다. 비스꼬초란 어원적으로 '두 번 구운 것'이라는 의미인데, 원래 비스꼬초는 보존용으로 딱딱하게 구운 빵을 가리켰다고 합니다. 그러다 밀가루와 달걀, 설탕을 사용해 구운 과자로 바뀌었고, 15세기 후반 스페인의 수도원 기록에는 이미 현재의 비스꼬초와 거의 같은 형태의 레시피가 남아 있습니다. 이 비스꼬초가 포르투갈을 거쳐 일본에 전해져 카스테라의 원형이 되었습니다. '까스띠야(당시 스페인 왕국 중 하나)의 과자'라는 포르투갈어에서 '카스테라'가 유래했다는 설을 어렵지 않게 추측해볼 수 있습니다. 특히 이 시대의 스페인 수도원에서는 신자들을 위해 비스꼬초를 포함한 과자들을 만들었고, 일본에 그것을 전한 사람들 역시 선교사들이었던 점을 생각하면 이 설은 설득력이 있어 보입니다.

가톨릭을 기치로 내걸었던 까스띠야 왕국은 지식과 경제 양면에서 당시 스페인을 이끌었던 유대인과 이슬람교도들을 내쫓았습니다. 그러나 얄궂게도 가톨릭 의식이나 제례를 위해 만들어진 과자는 모두 유대인과 이슬람 전통에 뿌리를 둔 것들뿐입니다. 교회를 중심으로 보급된 이들 과자는 스페인 각

지에서 서민들의 생활과 밀접하게 관계를 맺으며 계승되어온
것입니다.

3. 각 지역의 뽀스뜨레

중세 스페인의 식생활을 탐구할 때, 왕가 혹은 귀족계급과
함께 간과할 수 없는 존재가 수도원입니다. 국가적 정체성이
확립되지 않은 채 많은 변동을 경험했던 수세기 동안 안정된
경제력을 가지고 서민들을 직접 통치했던 교회는 스페인 사람
들의 생활 깊숙이 영향을 끼쳤습니다. 그중에서도 특히 수도
원의 요리나 과자로 각 지역에서 이어져 내려온 것과 가톨릭
행사 때 쓰이는 과자로 전해지고 있는 것들의 분포를 살펴보
면 가톨릭이 이베리아 반도 전체에 다시 정착한 과정을 기록
한 것처럼 보일 정도로 지역마다 특색이 강합니다.

이슬람이 마지막까지 지배했던 안달루시아 지역에 가장 아
랍적인 과자가 많이 전해지는 것은 당연할 테죠. '알파호르
alfajor'는 원래 우엘바의 작은 마을 엘 로시오El Rocio 축제 때
판매되던 것인데, 안달루시아 전역에서 축제 과자로 퍼져나갔
습니다. 엘 로시오 축제는 성모 마리아를 기리는 스페인의 독

자적인 축제입니다. 이렇게 '알파호르'는 아라후arajú(아몬드를 가리키는 아랍어)와 호두, 꿀 등으로 만든 아랍 과자가 변형된 것으로 이름과 유래 모두 이슬람에서 왔습니다. 마찬가지로 '뻬스띠뇨pestiño'라는 튀긴 과자도 아랍에 기원을 두고 있는데, 꿀을 끼얹는 안달루시아풍 조리법이 북쪽으로 가면서 꿀 대신 설탕으로 변하는 것을 보면, 아랍 문화의 영향력이 지역에 따라 차이가 있다는 것을 알 수 있습니다. 그 외에도 세비야Sevilla 근교의 수도원에서 지금도 만들어지고 있는 과자 대부분은 주로 아몬드와 꿀을 사용하는 아랍계 과자이며, 그 외에는 밀가루를 사용한 유대계 과자입니다. 예를 들어 유대인들의 근거지 중 하나였던 까스띠야의 똘레도에 남아 있는 '또르따torta'* 레시피는 세비야와 꼬르도바Cordoba의 수도원에서 옛날부터 전해 내려오던 것과 완전히 같습니다.

이들 수도원 중에는 현재 과자 제조를 수입원으로 하고 있는 곳도 있는데, 그런 것은 최근 몇 십 년 사이의 일에 불과하고 그 전까지는 축제일에 신자들과 나누거나 신자들의 의뢰를 받아 만들었습니다. 그중에는 수세기 전부터 '예마yema'를 제조해온 세비야의 산 레안드로 수도원이 유명합니다. 예마는

---

* 밀가루로 반죽한 것 안에 여러 재료를 넣고 둥글게 만들어 굽는 케이크 혹은 파이.

달걀노른자와 설탕만으로 만드는 과자로, 교회가 받은 기증의 답례로 예마를 보낸다는 17세기의 편지가 남아 있습니다. 아랍에 비슷한 종류의 과자가 있기는 하지만, 순수하게 스페인에서 태어났다고 봐야 합니다. 예마로 유명한 곳이 중부 까스띠야의 아빌라와 소리아이기 때문입니다.

아랍계 과자의 북상 한계선은 이슬람 지배의 북상 한계선과 일치합니다. 전성기에는 거의 이베리아 반도 전체를 지배했던 이슬람의 발자취는 가톨릭 최후의 요새이자 최초의 반격 거점이었던 아스뚜리아스 지역을 제외하고 스페인 전 국토에 남아 있습니다. 예를 들어 리오하 지역의 작은 마을에서 전해 내려오는 '파르델레호fardelejo'라는 과자는 얇은 파이 반죽에 아몬드를 베이스로 만든 속을 넣어 튀긴 것인데, 이름이나 들어가는 재료가 아랍에 기원을 둔 과자임을 뚜렷이 보여줍니다. 이런 종류의 파이지는 버터가 아니라 라드를 사용해 반죽하고 얇게 밀어 여러 층 겹쳐서 만듭니다. 프랑스 제과에서 만드는 파이와 가장 다른 점은 기름에 튀겨서 보다 가볍게 완성한다는 발상이겠죠. 유지를 가득 머금은 파이지와 아몬드 등의 견과류와 말린 과일을 적절히 배합한 풍미는 현재도 아랍의 여러 나라에서 만들어지는 디저트들과 매우 흡사합니다.

'알모하바나almojábana' 역시 그런 아랍계 과자입니다. 16세기의 요리책에서 그 이름을 찾아볼 수 있는데, 원래는 아랍어로 치즈와 밀가루 반죽으로 만든 또르따를 의미했습니다. 그것이 변형되어 라드, 달걀, 설탕으로 만든 반죽이 되었고, 중세의 요리책에는 이와 같은 재료를 사용해서 유지에 튀기는 과자 전반을 알모하바나라고 불렀던 것 같습니다. 그중에는 후에 '만떼까도mantecado'라고 불리게 된 것도 있으며 '부뉴엘로buñuelo' 등도 알모하바나에 포함됩니다. 재미있게도 원래의 알모하바나에 가깝게 치즈를 사용한 레시피는 스페인에서는 소멸되었지만, 콜롬비아, 베네수엘라 등 중남미 나라들에서는 거의 그대로 계승되고 있습니다.

여기서 주목하고 싶은 것은 예전부터 이들 튀긴 과자를 통틀어 부를 때 '프루따스 데 살뗀frutas de saltén'이라는 말이 사용되었다는 점입니다. 직역하면 '프라이팬의 과일'이 되는 이 말은, 아랍을 경유하여 안달루시아를 중심으로 정착된 과자류에 유지를 사용해 튀긴 것이 많았다는 사실을 말해줍니다. 여기에 사용되는 유지를 스페인 요리 전반에 사용되는 올리브유로 한정할 수는 없습니다. 그것은 동물성 유지, 그것도 주로 '만떼까 데 세르도manteca de cerdo', 즉 돼지기름이 이런 종류의 과자에서 맛의 포인트가 되기 때문입니다. 이렇게 살펴보면 꿀에서 설탕으로, 돼지기름을 사용하던 것에서 올리브유를 사용하는 것으로의 변천이 지리적으로는 남쪽에서 북쪽으로, 시대적으로는 중세에서 근대로의 이행을 보여주고 있음을 알 수 있습니다. 참고로 안달루시아에는 "바다의 거품마저 튀긴다."라는 말이 있습니다. 그만큼 '튀기는freír' 조리법은 그들의 식생활에 밀착되어 있습니다. 이 조리법은 과자뿐 아니라 요리 전반에서 매우 일반적으로 사용됩니다.

역시 중세부터 지금까지 전해지는 특징적인 뽀스뜨레로 '만하르 블랑꼬manjar blanco'가 있습니다. 이는 까딸루냐 지역에 기원을 두고 있는 디저트로, 현재는 아몬드, 설탕, 쌀가루 등으로 만든 뽀스뜨레를 의미하지만, 초기에는 오래 삶은 닭 육수를 베이스로 아몬드 밀크, 쌀가루 등을 넣은 크림 형태의 요리였습니다. 닭 이외에 어린양, 랍스터 등도 육수에 사용되었던 모양입니다. 루뻬르또 데 놀라의 책에는 '가장 중요한 세 개의 레시피' 중 하나로 '만하르 블랑꼬'를 꼽고 있습니다. 현재의 레시피는 아몬드를 주재료로 곡물의 전분질을 사용해 식혀서 굳힌 뽀스뜨레가 되었고, 까딸루냐를 중심으로 조금씩 형태를 바꾸며 각지에 전해졌습니다. 예를 들어 까스띠야 북부 부르고스의 수도원에 전해지는 것은 달걀과 설탕을 베이스로 하고 있으며 아몬드를 사용하지 않습니다. 까딸루냐 요리에서는 달걀과 설탕을 베이스로 한 뽀스뜨레를 '만하르 블랑꼬'가 아니라 '끄레마crema'라고 불리는 뽀스뜨레 계열로 봅니다. 이 점에서도 아몬드 사용에 있어 북상 한계선을 짐작해볼 수 있습니다.

스페인 북부는 이슬람 세력의 영향하에 있던 시기가 짧았고, 스페인에서 유일한 낙농업지대였기 때문에 다른 계열의 과자가 발달했습니다. 그 대표적인 것이 앞에서 다룬 '비스꼬초'입니다. 현전하는 가장 오래된 레시피는 15세기 수도원의 레시피로, 네모나게 접은 종이 그릇에 반죽을 흘려 넣어 굽는 축제의 과자였으며 공양물로서의 성격도 있었던 것으로 생각됩니다. 이 과자의 주재료는 설탕, 밀가루, 달걀인데 스페인 북쪽으로 갈수록 버터를 더합니다. 스페인에서 버터를 더하는 레시피는 드물지만 북쪽으로 갈수록 버터를 더하는 레시피로 변화하고 있는 것입니다. 예를 들어 레온주의 아스또르가에서는 버터를 주재료로 하는 '만떼까다mantecada*'라는 과자로 바뀌었습니다. 이슬람의 지배를 받지 않았던 아스뚜리아스 지역의 뽀스뜨레도 라드 대신 버터를 사용한 것이 많고, 또 인접한 갈리시아 지역의 영향을 받아 켈트족의 유산이라 일컬어지

---

* 스페인어로 버터는 만떼끼야mantequilla 혹은 만떼까manteca인데, 이 점에서도 만떼까다mantecada라는 과자의 주재료가 버터임을 유추할 수 있다.

는 크레이프 과자*가 만들어지며, 스페인 남부에서 그토록 보편적인 재료인 아몬드가 자취를 감추고 대신 이 지역의 특산물인 사과가 뽀스뜨레에 자주 등장합니다. 이는 역사와 풍토의 측면에서 필연적이었다고 할 수 있겠죠.

이렇게 아랍과 유대인들의 문화유산에서 기원을 찾을 수 있는 스페인 과자의 계보는 조금씩 변화를 겪고 있습니다. 최근까지 요리계의 최정상을 독주해온 프랑스를 넘어서기 위한 스페인 요리계의 의식 변화라고 할 수 있겠죠. 식생활에서 극단적일 정도로 보수성을 자랑하던 스페인에서도 변화와 개혁이 일어나고 있는 중입니다. 요리 전체가 세련되어진 결과, 보다 세련되고 다양한 뽀스뜨레가 요구되는 것도 당연한 일이겠죠. 지금 이 나라의 레뽀스떼로들은 새로운 시대에 맞는 새로운 뽀스뜨레의 방향성을 찾기 위해 시행착오를 거듭하고 있습니다.

---

* 갈리시아라는 지명은 고대 로마의 속주명인 '가라에키아'에서 왔다. 이 가라에키아의 기원은 그리스어인 '카라이코이καλλαικοι'에서 온 것이며, 고대에 두에로강 이북에 살고 있던 켈트계 민족을 가리킨다. 갈리시아를 비롯해 포르투갈 북부 지역과 스페인의 아스뚜리아스, 레온 등은 켈트 문명의 영향을 강하게 받았고, 현재의 갈리시아, 아스뚜리아스, 깐따브리아 지역의 사람들과 북포르투갈의 사람들은 켈트계 혈통을 주장하고 있다. 크레이프는 켈트적인 전통을 가진 디저트로 알려져 있는데, 갈레트galette라고 불리는 크레이프로 유명한 프랑스의 브르타뉴 역시 켈트적인 요소가 남아 있는 지역이다.

뽀스뜨레뿐이 아닙니다. 이 나라가 가진 풍요로운 식재료라는 카드를 가지고 앞으로 어떤 게임이 펼쳐질까요? '전통'이라는 패를 '근대성, 합리성'이라는 새로운 패로 바꾸는 것이 과연 스페인의 식생활을 참된 의미에서 진전시킬 수 있을까요? 앞으로 스페인 요리를 바라볼 때 이런 여러 문제점을 포함하여 스페인의 식재료와 요리의 방향성을 검토할 필요가 있겠습니다.

제2부

로마에서 신대륙 발견까지, 스페인의 영고성쇠를 품다:

식재료로 본 스페인 요리

아세이떼

aceite: 올리브유

　'아세이떼'란 스페인어로 식물성 오일 전반을 가리키지만, 스페인 요리에서는 보통 '아세이떼 데 올리바aceite de oliva', 즉 올리브유를 의미합니다. 그 정도로 올리브유는 스페인 사람들에게 기본적인 식재료이며, 스페인 요리를 말할 때 올리브유의 존재는 빼놓을 수 없습니다.

스페인의 많은 농업지대에서 올리브 재배는 중요한 요소입니다. 올리브 재배 면적은 250만 헥타르 이상에 달하며, 많은 사람이 올리브 재배에 종사하고 있습니다. 올리브나무의 반半영속적인 수명과 함께 이 나라의 경제를 지탱하는 큰 산업 중 하나가 바로 올리브 재배입니다. 전 세계 올리브유 생산에서 스페인이 차지하는 위상이 큰 것은 물론이거니와, 스페인의 경제, 식생활, 나아가 문화에서 올리브는 매우 중요합니다.

이베리아 반도를 지배한 이슬람 사람들은 올리브의 가치를 높이 평가하여 그 경작 면적을 대폭 늘렸고, 12세기 무렵에는 세비야를 중심으로 올리브 숲을 확대 조성할 정도였다고 기록되어 있습니다. 나아가 16세기 전반에는 올리브 재배 지역의 확장이 정점에 달했는데, 지금도 띄엄띄엄 남아 있는 올리브 재배 지역을 연결하면 북부를 제외하고 대부분 지역을 덮을 정도입니다. 그렇게 정착된 올리브 재배는 스페인 사람들에게 기름과 열매aceituna라는 두 가지 형태로 그들의 생활과 밀접하게 발달해왔습니다.

현재 스페인의 농수산식품부는 원산지호칭제도DOP*를 두 군데 지정하고 품질을 관리하여 일정 수준을 유지하기 위한 지표로 삼고 있습니다. 특히 재배 면적이 넓은 곳은 남부 안달루시아 지역으로, 스페인 전체의 올리브 재배 면적의 61%를 점하고 있습니다. 올리브유 생산량도 스페인 전체의 82%를 점하고 있을 뿐 아니라 전 세계 생산량의 28%로 큰 비중을 차지하고 있습니다.

대표적인 생산지를 중심으로 올리브유의 특징을 소개해보죠.

안달루시아 하엔Jaén 근교에 위치한 시에라 데 세구라Sierra de Segura는 최고 해발이 1,800미터에 이르는 고산지대에 펼쳐진 지역입니다. 생산지 대부분에 소나무와 함께 올리브나무가 숲을 이루고 있는데, 주로 급한 경사면에 밭이 조성되어 있기 때

---

* 현재 스페인의 농수산식품부Ministerio de Agricultura, Pesca y Alimentación는 자국 농수산물의 품질을 관리하는 방법으로 원산지호칭제도DOP: Denominación de Origen Protegida와 지리적원산지보호제도IGP: Indicación Geográfica Protegida를 품질 보장 라벨로 인증하고 있다. 이들 제도는 특정 생산 시스템이나 생산지의 유명세를 이용하는 다른 생산자와 차별을 두기 위해 만들어진 인증으로, 각각의 조건을 지킴으로써 생산물의 일관성을 철저히 보장해야만 받을 수 있다.

원산지호칭제도DOP 라벨이 붙어 있는 식품은 그 식품이 생산된 환경 덕분에 특별하다는 것을 보여준다. 왜냐하면 원산지호칭제도의 경우 식품의 모든 생산 과정이 단일한 한 지역에서 이루어져야만 인증받을 수 있기 때문이다. 따라서 조건을 충족시키기 가장 어려운 인증이다.

지리적원산지보호제도IGP는 식품의 지리적 원산지가 중요하다. 지역에서 모든 생산 과정이 이루어질 수 있겠지만 다른 지역에서 생산되어도 된다. 다만 그 식품의 지리적 원산지를 지켜야만 한다. 예를 들어 라 만차 지역의 '꼬르데로 만체고cordero manchego'는 다른 지역에서 키워질 수도 있지만 꼬르데로 만체고로서의 순수성을 지키는 것이 중요하다. 2019년 1월 현재 지정된 DOP는 102곳, IGP는 90곳에 이른다.

그 외에도 농수산식품부에서는 전통생산인증제도ETG: Especialidad Tradicional Garantizada도 시행하고 있다. 이 제도는 생산되는 지역과 관계없이 생산 과정이 전통적인 방식을 고수하고 있는지가 중요하다.

문에 수확에 고도의 기술이 필요합니다. 이 지역은 스페인 올리브유의 특징적인 품종이라고 할 수 있는 삐꾸알picual종의 대표적 생산지이기도 합니다. 삐꾸알종은 무게가 2.5~3.5그램 정도인 과실을 맺고 급격하게 변하는 지중해성 기후에도 잘 견딥니다. 하엔의 올리브유는 주로 스페인 내에서 소비되는데, 오래 두어도 품질 저하가 늦다는 장점이 있습니다.

한편 바에나Baena는 꼬르도바 남동부의 생산지입니다. 이 지역에서는 삐꾸도picudo종을 중심으로 오히블랑까hojiblanca, 삐꾸알 등 다양한 품종을 생산하는데, 여러 기후 조건이 펼쳐져 있기 때문입니다. 원산지호칭제도 인증지역 중 바에나는 다양한 품종을 생산하고 있기 때문에 60% 이상을 삐꾸도종을 사용하여 올리브유를 생산하도록 지정하고 있으며, 나머지는 다양한 품종을 배합합니다. 바에나의 올리브유는 스페인의 엑스트라 버진 오일의 산가acid value* 한도인 1% 이하 규정은 지키고 있지만, 다른 산지와 비교해서 산가가 다소 높은 편입니다. 지역 내에서도 기후 차가 크기 때문에, 지역마다 수확기에 차이가 있고 이것이 영향을 미치는 것으로 보입니다. 하지만 이런 특징이 반대로 스페인의 올리브유가 가진 독자적인

---

* 산가酸價는 유지에 함유된 유리지방산의 양을 나타내는 수치다. 유지는 오래될수록 유리지방산이 증가하므로 산가는 신선도의 기준이 되기도 한다.

개성이라고 할 수 있는, 서로 풍미가 확실히 대비되는 올리브유를 생산하게 하는 것은 흥미로운 대목입니다.

레리다Lérida와 따라고나Tarragona는 모두 까딸루냐 남부에 위치하며 지중해와 에브로Ebro강의 지류라는 훌륭한 기후 조건이 아르베끼나arbequina라는 품종을 키워냅니다. 이 종은 건조한 대륙성 기후에 약하고 과실은 1~2그램으로 작은 편이어서 수확 능률의 면에서 유리한 품종은 아닙니다. 그러나 개성이 강하고 0.5% 이하의 산가를 가진 올리브유의 원료가 됩니다. 또 단일 품종으로 올리브유를 만들 때 품질 저하가 빠르다는 결점이 있었는데, 최근에는 개량되어 단일 품종 올리브로 만든 고급 올리브유를 선호하는 최신 경향에 가장 적합한 종이 되었습니다.

그 외에도 엑스뜨레마두라, 발렌시아, 아라곤 등의 지역에서도 개성이 강한 올리브유가 생산되고 있습니다. 스페인 전체에서는 260종이나 되는 올리브 품종이 존재하고 각 지역의 기후, 풍토에 따라 다른 풍미와 향을 가지고 있기 때문에, 스페인의 올리브유는 품질 면에서뿐 아니라 다른 나라에서는 따라하지 못할 다양한 개성을 가지고 있습니다.

한편, 스페인에서 올리브유에 이어 많이 사용되는 식물성 기름으로는 해바라기씨유, 대두유, 옥수수유 등이 있습니다.

이들 식물성 기름은 1970년대 후반부터 소비량이 늘기 시작한 반면, 올리브유의 스페인 내 소비량은 1980년 무렵에 일시적으로 크게 하락선을 그렸습니다. 당시 품질표시가 철저하지 못하고 품질과 일치되지 않는 가격 등으로 올리브유가 소비자의 신뢰를 크게 잃었기 때문인데, 그 후 스페인 농수산식품부가 추진해온 원산지호칭제도와 생산자들의 노력으로 현재 올리브유는 스페인의 주요 수출 품목인 동시에 국내 소비에서도 그 지위를 회복했습니다. 특히 품질 좋은 엑스트라 버진 올리브 오일은 유럽공동체EC 내에서도 이른 시기부터 유기농 재배에 성공하면서 국제적으로 높은 평가를 받았고, 그 평가가 점차 국내에서의 인식을 바꾸었다고 할 수 있겠습니다.

그런데 단순히 올리브유만을 스페인 요리에서 쓰이는 특징적인 유지油脂라고 받아들여도 될까요? 확실히 현재의 요리책과 레시피를 통해서 스페인 요리를 배운다면, 우리는 올리브유만을 사용하는 것이 스페인적인 조리 방법이라 해석할지도 모릅니다. 여기서 유의해야 할 것은 스페인 요리의 발전 과정 속에서 기름 혹은 지방이 '조리'뿐 아니라 '조미'를 위한 요소로도 존재했다는 점입니다. 19세기 베스트셀러 요리서의 저자 앙헬 무로의 책에서 아세이떼에 관한 서술을 찾을 수 있습니다.

버터로 조미하는 것을 좋아하지 않는 우리나라에서는 양질의 올리브유가 대부분의 요리에 적당하다. 한편 돼지, 양, 거위의 유지를 섞은 것도 다양한 요리에 맛을 내기 위해 유효하다. 닭을 로스트했을 때 나오는 기름도 시금치, 로메인 상추 등을 조리할 때 좋다. 나는 요리사들에게 라드 4에 올리브유 1의 비율로 섞은 뒤 한 번 끓여서 합친 것을 항상 준비해두라고 권하고 싶다. 이 경우 오일은 질이 좋은 것으로 준비할 것.

무로는 이렇게 쓴 다음, 스페인에서는 거의 모든 음식에서 맛을 내는 데 오일을 사용하며, 특히 생선 요리에서는 오일이 중요하다는 점을 잊지 말라고 덧붙였습니다. 무로는 이 문장을 '조미료'를 다룬 장에서 서술하고 있습니다. 무로에게 상식이었듯, 스페인 요리에서 동물성 유지, 특히 라드는 음식의 맛을 내는 데 기본적인 재료였으며, 올리브유의 중요성도 그 점을 방해하지는 않습니다. 한편 가스빠초gazpacho의 등장은 동물성 유지가 할 수 없는 올리브유의 독자적인 역할을 인정하는 계기가 되었습니다.

가스빠초는 16세기 초에 이미 엑스뜨레마두라, 안달루시아 같은 지역에서 식생활의 일부였습니다. 마늘과 빵을 모르떼로mortero라고 하는 절구에 찧어서 올리브유와 식초로 조미한 수프가 기본적인 형태였고, 여기에 토마토 등의 채소를 더하는 형태로 발전해 오늘날에는 안달루시아를 비롯하여 많은 지역에서 즐기는 대표적인 여름 메뉴 중 하나입니다. 이 수프를 정확하게는 '가스빠초 이베리꼬' 또는 '가스빠초 만체고'(켈트-이베로족 시대부터 전해지는, 들새를 사용한 냄비 요리)와 구별하여 '가스빠초 안달루스gazpacho andaluz', 즉 안달루시아의 가스빠초라고 부릅니다.

이 요리를 계기로 유지를 가열하지 않고 생으로 사용하여 맛을 더하는 조리법이 발달했습니다. 때문에 가열하지 않은 상태로 최고의 맛과 향을 유지하는 올리브유의 가치를 높이 평가하기 시작했습니다. 더 시간이 지나서는 생채소에 올리브유와 식초를 뿌려 맛을 내는 '엔살라다ensalada'가 가스빠초의 연장선상에서 등장하게 됩니다.

가열하지 않은 올리브유로 맛을 낸다는 의미에서 가장 새로운 것은 '뽀스뜨레에 있어서의 올리브유'라는 장르겠죠. 참신한 아이디어로 전 세계의 주목을 받고 있는 스페인의 젊은 파티시에들에게 올리브유와 둘세(달콤한 것)의 만남은 새로운 도전이 되었으며, 차례로 흥미로운 작품이 태어나고 있습니다. 그렇다고는 해도 그 바탕이 된 것은 바르셀로나의 파티시에인 오리올 발라게르Oriol Balaguer의 '빤 꼰 초꼴라떼pan con chocolate'처럼 빵에 올리브유를 바르고 초콜릿을 끼우는, 어린 시절부터 먹던 소박한 간식을 세련되게 변모시킨 것들도 의외로 많아서, 지중해 식문화의 단순하고도 깊은 매력을 재확인할 수 있습니다.

현재 스페인의 요리사들은 여러 각도에서 새로운 요리를 모색하고 있습니다. 그리고 올리브유를 원점으로 하는 단순하고도 섬세한 감각이야말로 스페인 요리가 가진 최고의 매력이며 힘이라는 것을 다시금 인식하게 됩니다.

오르딸리사

hortaliza: 채소

1. 양파

스페인에서 '오르딸리사hortaliza'는 채소 전반을 가리키는 단어입니다. '베르두라verdura'라는 단어도 채소를 의미하지만 아무래도 '녹색verde 채소'라는 뉘앙스를 풍기는 말이니, 오르딸리사는 '경작된 식용 가능한 식물'이라는 보다 광범위한 분류라 할 수 있겠죠.

스페인 요리에 등장하는 채소를 살펴볼 때, 아무래도 주목하지 않을 수 없는 것은 '콜럼버스 이전과 이후'라는 기준입니다. 즉 신대륙 발견 후 스페인, 나아가 유럽에 전해진 채소와 그 이전의 채소를 나눈다면, 자연스럽게 16세기 전후를 경계로 큰 변화와 진전을 겪었던 스페인 요리의 발자취를 따라가게 됩니다. 물론 그것은 요리 분야만의 변화는 아닙니다. 대항해 시대를 거쳐 황금세기로, 그리고 다시 쇠퇴기로 이행했던 까스띠야 왕국의 영고성쇠와도 일치하기 때문입니다.

스페인의 오래된 말 중에 "당신과 함께라면, 빵과 양파만으로도Contigo, pan y cebolla"라는 것이 있습니다. 사랑하는 사람과 함께라면 아무리 가난한 생활이라도 좋다는 의미겠죠. 여기서 빵과 양파는 서민의 가장 소박한 식사를 상징합니다. 그만큼 양파는 서민에게 기본적인 식재료이기도 했습니다. 그렇기에 우선 콜럼버스 이전의 스페인을 대표하는 오리탈리사, '양파cebolla'에 대해 살펴보려 합니다.

양파를 최초로 풍부하게 사용한 곳은 이집트로서, 맥주, 양파, 밀빵, 누에콩 등은 농민의 일상적인 음식이었습니다. 그리스에서는 병사들의 체력증강에 좋다고 여겨졌고, 로마에서는 페스트를 막아준다고 여겨져 약용으로 쓰이기도 해서, 양파는 지중해 연안을 따라 유럽 전체로 확대되어 재배되었습니다. 중세 수도원에서는 양파를 재배해 생으로 먹었다는 기록도 남아 있습니다. 양파를 약으로 사용한 로마의 전통이 이어져 내려온 것입니다.

스페인에서도 중세에는 양파를 생으로 먹거나, 생으로 요리에 사용하는 경우가 많았으리라 생각됩니다. 앞서 언급했다시피 생양파를 빵과 함께 먹는 것이 검소한 식사의 상징이었던 것을 생각해보면요. 이를 비롯해 생양파를 잘게 썰어 사용하는 '살삐꼰salpicón'이라는 요리도 예부터 있었던 모양입니다. 이 요리는 육류나 어패류 등을 잘게 썰어 소금, 후추, 오일, 식초 그리고 양파와 버무린 요리인데 이미 중세문학과 뒤를 이은 《돈키호테》에도 등장합니다. 여기서 양파는 주재료alimento로 사용되기보다 오히려 조미료condimento로 사용되었다는 것을 알 수 있습니다.

다만 여기서 주의해야 할 것은 양파가 어디까지나 지극히 서민적인 식재료였다는 점, 양파를 생으로 사용한 요리가 당시 스페인 요리의 주류는 아니었다는 점입니다. 예를 들어, 루뻬르또 데 놀라의 책에는 양파가 거의 나오지 않습니다. 유일하게 소개하고 있는 것은 '세보야다cebollada'라고 불린 양파로 만든 뽀따헤potaje입니다. 이는 한 번 삶은 양파를 또시노와 볶아서 아몬드 밀크, 아라곤 치즈 등을 더한 수프입니다. 이 레시피에서 우리는 양파 특유의 맛과 냄새를 잡으려는 노력을 엿볼 수 있습니다. 강한 냄새와 매운맛이 특징인 양파는 서민에게 저렴하며 중요한 식재료였던 반면, 궁정요리에서는 노력을 기울이지 않으면 사용할 수 없는, 이른바 신분 낮은 재료였던 것입니다.

그러나 양파를 '조미의 기본'으로 사용한다는 방향성은 살뻬꼰이라는 요리가 일부 지역요리로 남게 된 후에도 계승되어 현대 스페인 요리에 이르고 있습니다. 현재 양파는 스페인 요리를 스페인 요리답게 하는 중요한 요소인데, 과거보다 더욱 중요해졌습니다. 중세와 다른 점은 익혀서 사용하는 경우가 압도적으로 많아진 것으로, 그 대표적인 형태가 '소프리또 sofrito'입니다.

소프리또란 원래 '양파, 마늘, 또시노 등을 기름 속에서 가볍게 소프레이르한 것'이라는 의미입니다. 그리고 '소프레이르 sofreír'란 '비교적 저온의 기름으로 조리하는' 것을 의미하는 동사로, '볶다'보다 '기름으로 조리다'에 가깝습니다. 그래서 현재 소프리또라고 하면 양파, 마늘 등을 잘게 썰어서 올리브유로 천천히 가열하여 조리한 것을 의미합니다. 스페인 요리 레시피의 과반수가 이 소프리또를 바탕으로 하고 있습니다.

소프리또는 원칙적으로 유약을 바르지 않은 뚝배기인 '까수엘라 데 바로cazuela de barro'에서 조리되며, 거기에 요리의 주재료를 더해 갑니다. 그리고 소프레이르 단계가 끝났을 때 국물caldo이나 와인 등의 수분을 더해 졸이는 과정으로 넘어가게 됩니다. 다시 말해 소프리또는 주재료의 조리와 소스의 제작을 동시에 진행하는 까수엘라 특유의 조리법에서 맛의 토대가 됩니다.

소프리또를 만들 때 주의할 점은 '가볍게' 소프레이르해야 한다는 점입니다. 즉 양파는 갈색이 되기 전 투명한 채로 열이 가해져야 한다는 것이죠. 양파를 갈색이 될 때까지 볶는 프랑스 조리법과는 확실히 다릅니다. 양파를 가열하면 생것일 때 특유의 '매운맛'을 없앨 수 있습니다. 나아가 양파를 갈색이 될 때까지 볶으면 '구수함'을 얻을 수 있습니다. 하지만 소프리또는 그 전 단계의 '단맛'만을 풍미로 끌어냅니다. 소프리또의 이 단맛이 스페인 요리의 핵심입니다. 나중에 '꼰디멘또'(조미료)에서 자세하게 다루겠지만, 스페인 요리에 조미료를 적게 사용하게 된 것은 소프리또가 있기 때문입니다. 즉 소프리또의 달콤한 풍미를 살리려는 의도가 후추를 비롯한 향신료를 사용하려는 목적과 상반되기 때문에, 소프리또를 중시하는 지역일수록 향신료를 적게 사용하게 되는 것이죠.

스페인 시장에 출하되는 양파의 품종은 상당히 많습니다. 그러나 크게 네 종류로 나눌 수 있습니다. 일찍 파종하는 종, 1년 내내 파종하는 종, 늦게 파종하는 종, 그 외의 품종입니다. 스페인 양파는 일본 등에 보급된 품종보다 매운맛이 덜합니다. 특히 온난하고 건조한 기후의 토지에서 수확되는 것일수록 단맛이 강합니다. 단맛이 강한 품종은 대체로 보존이 어렵습니다. 반대로 늦게 파종해 겨울에 수확하는 품종은 매운맛이 강한 대신 장기간 보존에 적합합니다. 1년 내내 시장에 나오는 매운 품종은 소프리또를 비롯해 여러 요리에 사용되며, 신선한 시기에만 출하되는 단맛이 강한 품종은 엔살라다 등의 형태로 생으로 소비됩니다.

어쨌든 스페인의 양파 소비량은 세계에서도 1, 2위에 들 정도로 많습니다. 주로 생산되는 곳은 발렌시아와 까스띠야 라 만차 등인데, 양파만큼은 스페인 전역에서 가장 기본적인 재료로서 다양한 형태로 사용되고 있습니다.

2. 감자

콜럼버스 이전을 대표하는 채소가 양파라면, 콜럼버스 이후를 상징하는 것은 감자와 토마토입니다. 그중에서도 콜럼버스 이후 유럽의 식문화 변천을 살펴볼 때, 감자는 한 나라의 굶주림을 해결할 정도로 큰 존재가 되었습니다.

빠따따patata(감자)는 스페인 정복자들이 페루에서 발견했습니다. 피사로 군대의 일원이었던 뻬드로 데 시에사Pedro de Cieza의 1533년 일지에서 이미 "인디오들이 옥수수maíz와 함께 주식으로 먹는 빠빠papa라는 식물"이라는 기술을 찾아볼 수 있습니다. 또 곤살로 페르난데스 데 오비에도*는 그의 저서에 "마늘과 닮아 둥글고 주먹 같은 형태의 식물. 빠빠라고 불린다."라고 썼습니다. 시에사는 삶은 빠빠를 먹어보고는 "밤같이 부드럽고 맛있다."라는 평가를 내리기도 했습니다. 빠빠는 인디오들의 기본적인 식량으로, 볕에 말리거나 안데스 일부 지역에서는 추운 날씨에 자연스럽게 얼려서 한 해 내내 보존하

---

* 곤살로 페르난데스 데 오비에도(Gonzalo Fernández de Oviedo, 1478~1557): 스페인의 역사학자이자 관료. 현재 도미니카공화국의 수도 산토도밍고 식민도시의 총독을 지냈으며, 아메리카 대륙이 식민지화되던 초기 모습을 엿볼 수 있는 다양한 저서를 남겼다. 대표적인 저서는 《서인도 제도의 자연사와 역사La General y natural historia de las Indias》다.

여 먹습니다.

감자는 이윽고 스페인에 도착했고, 오늘날에도 감자 생산지로 유명한 갈리시아 지역에서 16세기 중반에 이미 어떠한 형태로든 연구되고 재배되기 시작했습니다. 단, 초기 단계에서 빠따따 혹은 빠빠는 식량보다는 약용식물로 간주되었던 모양입니다. 그 증거로 1560년에 스페인의 펠리뻬 2세가 "통풍에 듣는다."라는 설명을 붙여서 로마 교황에게 감자를 보낸 일화를 들 수 있습니다. 당시 갈리시아의 수도원에서 감자를 재배했던 것도 식용보다 약용이 주된 목적이었던 것입니다.

감자는 16세기 말에 갈리시아의 루고Lugo를 중심으로 한 그 주변 지역에서 식용으로 재배되기 시작했습니다. 그 후 17세기에는 스페인 북서부에서 재배되기 시작했고, 18세기부터 19세기에 걸쳐서는 중요한 농산물로 취급되어 감자 재배에 관련된 몇 가지 법률이 정해지기까지 했습니다. 그리고 이미 감자, 옥수수, 호밀, 밀의 중요한 산지가 된 갈리시아를 중심으로 부르고스, 오비에도Oviedo 등이 감자의 주요 산지가 되었습니다.

프랑스 등 여러 유럽 국가에서는 감자에 독성이 있다고 하여 좀처럼 수용하지 않았지만, 결국 혁명기의 굶주림이 감자를 정착시켰다는 이야기는 유명합니다. 그에 반해 스페인에서는 비교적 이른 시기에 큰 저항 없이 받아들여졌습니다. 초기에는 군량으로 채택하면서 감자를 정착시키려고 노력하기도 했습니다. 무엇보다, 감자가 식생활에서 중요한 역할을 했던 페루의 생활을 직접 보고 들은 스페인 정복자들이 식량으로서의 가치를 인정했을 것입니다. 때문에 스페인에서 자연스럽게 감자를 받아들였던 것이겠죠.

흥미로운 것은 스페인 사람들이 본토에 감자를 보급했을 뿐 아니라 그들이 개척한 아메리카 대륙의 다른 지역에도 감자를 퍼뜨렸다는 점입니다. 정복자로서, 마침내는 지배자로서 아메리카 대륙의 정치경제를 지배하게 된 스페인 사람들은 잉카에서 전해진 이 식물을 멕시코부터 파타고니아에 이르는 지역 전체에서 재배하도록 했습니다. 지리·기후 조건을 가리지 않는 이 식물은 중남미 식생활의 기초로 정착하게 되었습니다.

"마을에서 먹을 것은 감자와 양배추와 무, 그리고 어느 것에나 마늘ajo이 곁들여져 있다."는 당시의 표현처럼, 감자는 이른 시기에 서민의 식생활에 깊이 침투했습니다. 전분질이 많은 감자는 끓여서 조리하기에 적당했기 때문에, 당연히 냄비 요리, 즉 오야에 빈번히 등장하게 된 것입니다. 그렇게 감자가 '꼬시도'의 중요한 재료로서 더해지게 된 것입니다. 이미 수세기의 역사를 가지며 점차 완성에 가까워지고 있던 꼬시도는 감자의 출현을 기다려 완성되었다고 할 수 있겠죠.

끓이는 요리에 감자가 들어가는 예를 가장 많이 찾아볼 수 있는 곳은 감자의 최초 재배지이자 현재도 좋은 감자가 생산되는 갈리시아입니다. '까르네 꼰 빠따따carne con patatas'(감자를 넣은 고기 요리)라는 스페인의 보편적인 '스튜 요리guiso'가 시작된 곳 역시 갈리시아였습니다. 그 외에 대구의 일종인 메를루사merluza, 문어 등의 재료를 감자와 함께 끓여 만드는 스튜 요리도 있는데, 어느 것에나 '갈리시아풍a la gallega'이라는 말이 붙는 것을 보면 갈리시아 요리에 감자가 얼마나 많이 사용되는지 알 수 있습니다. 뽀떼 가예고pote gallego, 깔도 가예고caldo gallego 등 갈리시아풍 꼬시도에 감자가 꼭 들어가는 것은 말할 것도 없습니다.

갈리시아에서 생산되는 감자는 스코틀랜드 개량 품종을 포함해 네 가지의 스페인 품종이 있는데, 가장 특징적인 것은 잉카에서 들여온 원래의 품종과 가장 가깝다는 알이 작은 품종입니다. 통칭 '까첼로cachelo'라고 불리는 이 작은 감자를 삶아서 여러 요리에 곁들이는 갈리시아의 습관은 사이드 디시guarnición가 그다지 발달하지 않은 스페인 요리에서 이색적인 존재라고 할 수 있습니다.

한편 스페인의 국민요리라고도 할 수 있는 '또르띠야 데 빠따따tortilla de patata'(감자가 들어간 오믈렛)는 19세기 후반 까를리스따 전쟁Guerras Carlistas*이라 불리는 전쟁 중 식량이 바닥난 군대를 위해 나바라의 어느 마을 아낙이 생각해낸 요리라고 전해집니다. 에피소드의 진위는 어쨌든, 원래 풍부한 농업지대인 나바라였음에도 감자와 달걀밖에는 먹을 것이 없었고 고육지책으로 이 요리가 발명되었을 테죠. 실제로 그 이전의 기록에 의하면, 나바라 산간지역의 검소한 생활의 예를 들며 "적은 달걀에 빵을 섞어 또르띠야를 크게 만든다."라는 문장이 있습니다. 마찬가지로 처음에는 적은 달걀 양을 보충하기 위해 감자가 더해졌을 것입니다. 그것이 의외로 맛있었기에 또르띠야에는 꼭 감자가 들어가게 되었습니다. 그 후 또르띠야는 스페인 전역에 보급되어 지역마다 발전되었지만 그럼에도 여전히 올리브유로 익힌 감자만 넣은 심플한 또르띠야는 어느 지역에

---

* 19세기 스페인에서 벌어진 일련의 내전들(1834~1840, 1860, 1869, 1873~1879). 1833년 페르난도 7세가 사망하자 왕비인 마리아 크리스티나가 3살짜리 딸 이사벨 2세를 옹립하고 자신이 대비로서 섭정이 되었다. 이는 남자 계승만을 적법으로 규정한 살리까법을 폐지한 조치로, 이에 반발하여 페르난도 7세의 동생인 까를로스 백작을 왕위에 올려야 한다는 파벌(까를로스파)이 생겨났고, 이들과 이사벨과 사이의 내전이 이어지게 되었다.

서나 기본입니다. 여기서 주목하고 싶은 것은, 또르띠야에는 꼭 기름으로 조리된 감자가 들어간다는 점입니다. 꼬시도에 들어가는 삶거나 끓인 감자처럼, 기름으로 조리한 감자 역시 스페인 요리에서는 무시할 수 없는 존재입니다.

기름으로 조리한 감자의 원형은 '감자튀김patatas fritas'입니다. 이것은 감자가 유럽에 보급되는 과정에서 대부분의 나라에 정착한 조리법입니다. 특히 많은 나라에서 고기 요리에 곁들이는 것으로서 감자는 없어서는 안 될 존재가 되었습니다. 스페인에서도 감자튀김은 고기 혹은 달걀 요리 등에 곁들이기 위한 것이었습니다. 하지만 사이드 디시라는 개념이 거의 없는 스페인에서 감자튀김은 그래서 특별합니다. 오히려 또르띠야에서처럼 더하는 재료로서 감자를 튀기는 발상이 일반적이었던 것입니다. 기름으로 감자를 조리하면 감자의 전분이 당분으로 변해 요리에 단맛을 더하게 된다는 사실을 발견한 스페인 사람들이 주재료로서 감자의 가치를 발견해낸 것입니다.

21세기의 스페인 요리책에서도 채소 요리는 상당한 비중을 차지하고 있습니다. 이렇듯 스페인에서는 채소 요리가 곁들이는 것이 아니라 독립된 한 접시의 요리로서 취급되어왔습니다. 그중에서도 감자 요리는 다양하게 변주되었고 각 지역마다 독자적인 감자 요리가 있을 정도입니다. 많은 종류의 감자 요리를 보더라도 '신대륙이 가져다준 최대의 부'라고 불리는 감자가 스페인 요리에서 차지하는 중요성을 확인할 수 있습니다.

3. 토마토

토마토도 감자와 마찬가지로 신대륙에서 왔습니다. 감자가 새로운 '식재료'로서 정착한 것과 달리, 토마토는 새로운 '조미료'로서 유럽에 정착했습니다.

토마토는 멕시코에 이주한 스페인 사람들이 발견했고, 아즈텍어 발음 '또마뚜르'를 따라 '또마떼tomate'라고 명명했습니다. 멕시코에서는 3,000년 전에 이미 야생 원종을 바탕으로 토마토를 재배하고 있었던 것입니다. 황금과 함께 스페인 본국으로 전해진 토마토는 당시의 관습에 따라 우선 수도원 밭에서 실험적으로 재배되었습니다. 이 토마토를 무어인이 모로코로 가져갔고, 그곳에서 어떤 뱃사람이 조만간 토마토의 최대 활약 장소가 될 이탈리아로 가져갔다고 합니다. 토마토도 감자와 마찬가지로 초기에는 독성이 있다고 여겨져 관상용으로 받아들여진 것 같습니다. 하지만 일조 시간이 긴 남유럽에서는 비교적 빨리 정착했습니다. 이탈리아, 스페인, 프랑스가 점차 토마토의 최대 생산국이자 최대 소비국이 되었습니다. 남미에서 스페인으로 전해진 원종은 노랗고 작은 과실이었고, 오늘날처럼 빨갛고 큰 토마토가 재배된 것은 유럽에서 품종이 개량된 후부터입니다.

토마토가 보급되어 스페인 요리에서 크게 두각을 나타낸 것은 17세기부터 18세기 초로 볼 수 있습니다. 당시 스페인을 방문했던 여행자의 일기에 "스페인에서는 후추, 토마토, 고추, 사프란이 선호된다."라는 기록이 있는 걸 보면 토마토가 이미 조미료의 지위를 획득했다는 것을 알 수 있습니다. 요리책 속에 토마토가 나오는 초기의 예를 1767년에 출판된 후안 데 알따미라스Juan de Altamiras라는 요리사의 책*에서 찾아볼 수 있습니다. 그는 생선 요리에 토마토를 조미료로 사용하고 있습니다. 알따미라스 직전 세대의 요리사에 해당하는 그라나도 몬띠뇨의 요리를 살펴보면, 맛을 낼 때 아직 아랍의 영향이 짙게 남아 있습니다. 몬띠뇨의 요리가 아그리둘세(신맛과 단맛)를 중심으로 생강과 시나몬을 많이 사용하여 동양적인 감각이

---

* 《요리의 새로운 예술Nuevo arte de cocina: sacado de la escuela de la experiencia económica》(1767).

느껴지는 데 반해 알따미라스의 요리는 이미 근대적인 취향에 한발 가까워져 있었던 것입니다.

이와 같이 조미료로서의 토마토와는 별도로 '생으로 먹는 토마토'라는 개념이 태어난 것은 훨씬 후의 일입니다. '엔살라다'라는 조리법이 정착한 것은 19세기 초였습니다. 그 당시 많이 소비되던, 끓여서 먹기 위한 '서양배 모양의 토마토tomate de pera'와 함께 생으로 먹는 토마토 생산이 증대되었던 것이죠. 그 이후 스페인에서 양상추, 양파, 토마토의 조합은 지금까지 변하지 않는 엔살라다의 기본입니다.

토마토를 익히지 않고 사용한 또 다른 스페인 요리가 '가스빠초 안달루스'입니다. 안달루시아 지역의 향토요리인 이 차가운 수프는 토마토를 바탕으로 오이, 피망 등을 넣고 마늘과 올리브유를 더합니다. 엔살라다와 가스빠초의 공통된 성격으로 둘 다 올리브유를 사용한다는 점에 주목하고 싶습니다. 생채소와 가열하지 않은 올리브유라는 조합이 그때까지 채소를 생으로 섭취하는 일이 거의 없었던 스페인의 식생활에 변화를 가져왔던 것입니다. 이때 생것인 채로도 확실한 맛을 가진 토마토가 엔살라다와 가스빠초가 유행하는 데 큰 추진력이 되었습니다.

19세기 앙헬 무로의 책에는 "스페인 토마토는 특히 생으로 먹기에 적당하고, 소금을 뿌린 토마토와 빵은 가장 서민적인 아침식사이기도 하다."라고 쓰여 있습니다. 토마토를 아침식사로 먹는 습관은 갈아낸 토마토를 올린 까딸루냐 음식 '빤 꼰 또마떼pan con tomate'의 형태로 지금도 이어지고 있습니다. 조식으로는 먹지 않더라도, 그 외의 지역에서도 토마토가 저렴하고 일상적인 채소라는 점은 변하지 않습니다.

생으로 먹는 토마토는 발렌시아, 무르시아, 안달루시아 등에서 많이 생산되며, 비닐하우스 재배가 보급되면서 1년 내내 끊이지 않고 출하됩니다. 생산량도 많아서 스페인 내 소비량을 약간 넘습니다. 또 최근에는 '띠뽀 까나리오tomate tipo canario'라고 불리는 토마토가 서서히 인기를 모으고 있습니다. 이 품종은 미니 토마토의 일종인데, 크기와 풍미 모두 멕시코에서 전래된 원종과 비슷합니다. 그렇기 때문에 새로운 품종이라기보다는 원형에 가깝게 복원된 것이라고 스페인의 평론가들은 지적하고 있습니다.

한편, 조미료로서의 토마토는 거의 모든 식재료와 함께 사용됩니다. 조미료로 사용되는 토마토는 가열하여 사용하기에 적합한 '서양배 모양의 토마토tomate de pera'이며, 대부분 보존용으로 가공됩니다. 엑스뜨레마두라, 발렌시아 등이 이 품종의 중심적인 생산지인데, 수확기인 9월과 10월 무렵 일부가 열매

상태로 시장에 출하되는 것을 제외하면, 거의 전량 가공되어 캔이나 병에 담겨 1년 내내 공급됩니다. 스페인의 토마토 총생산량은 연간 약 300만 톤, 재배 면적은 약 8만 헥타르로 일조 시간이 긴 남부에 거의 집중되어 있습니다. 국민 한 사람당 연간 토마토 소비량은 42킬로그램 정도로, 비교적 요리 경향이 비슷하다는 이탈리아가 66킬로그램인 것과 비교하면 적은 느낌도 없잖아 듭니다. 스페인 요리에서는 맛을 내기 위해 토마토나 토마토소스를 요리에 더하는 습관이 있기는 하지만 토마토소스를 독립된 소스로 다량 사용하는 경우는 거의 없기 때문입니다. 따라서 스페인과 이탈리아의 토마토소스 소비량은 확연하게 차이를 보입니다.

토마토를 사용한 요리의 패턴으로는 까수엘라로 만드는 생선 요리, 삐스또pisto* 등 채소 스튜, 칠린드론chilindrón**이나 찬파이나chanfaina*** 같은 고기 요리를 위한 채소 소스의 베이스

---

* 고추, 토마토, 양파, 가지, 호박 등을 잘게 썰어 올리브유에 볶은 음식. 보통 전채 요리로 따뜻하게 먹거나 다른 요리에 곁들인다. 달걀 프라이를 위에 얹어 빵과 함께 내거나 하몬과 함께 먹기도 한다.

** 토마토, 피망, 마늘을 가볍게 볶은 소스로, 가금류의 고기나 돼지고기, 양고기로 스튜를 만들 때 더한다. 주로 아라곤 요리에 사용된다.

*** 양고기와 양족, 피 등을 넣은 고기 스튜. 양파, 마늘, 토마토, 월계수와 매운 고추 등으로 양념하고 지역에 따라 쌀이나 빵, 삶은 달걀, 면을 넣기도 하며, 최근에는 감자를 넣는 경우도 있다.

등이 있습니다. 고기 요리에 토마토를 사용하는 것은 앞서 언급했듯 18세기부터의 전통이기도 하며, 까수엘라로 요리와 소스를 동시에 만드는 경우 토마토는 특히나 좋은 조미료가 되기도 합니다. 한편 '삐스또'와 같이 채소가 주인공인 스튜가 각 지역마다 있는데, 대부분 토마토가 소스 역할을 합니다. 특히 여러 지역에서 콩을 푹 끓여 만든 스튜에 토마토를 즐겨 사용합니다.

칠린드론과 찬파이나는 각각 닭고기 혹은 양고기를 주재료로 하여 거기에 채소를 끓인 소스를 더해 맛을 낸 요리입니다. 그 외에도 까요스callos처럼 고기를 넣은 스튜에 토마토 맛이 더해지는 요리가 여러 지역에 있습니다. 그중 칠린드론은 아라곤을 중심으로 나바라, 라 리오하의 전통요리인데, 아라곤의 칠린드론은 토마토, 붉은 피망pimiento, 양파가 주재료이며, 나바라의 칠린드론은 토마토나 붉은 피망이 주역입니다. 참고로 칠린드론이라는 요리 이름은 아라곤에서 특히 즐기는 스페인 카드게임 이름에서 유래했다는 설이 있습니다. 이 게임에서는 병사, 말, 왕의 세 가지 카드를 모아야 하는데, 이 세 가지를 양파, 토마토, 피망이라는 꼭 필요한 세 가지 채소로 비유한 것입니다. 그중 토마토와 피망이 신대륙에서 전래되어 15세기까지는 존재하지 않았다는 점을 생각한다면, 이 요리의 성립 시기가 15세기 이후일 것이라 자연스럽게 추측해볼 수 있습니다.

스페인에서는 "만약 콜럼버스가 아메리카에 도달하지 못했더라면 가스빠초도 또르띠야도 존재하지 않았다."라고 말합니다. 확실히, 스페인을 대표하는 요리 두 가지는 신대륙에서 전래된 식재료인 감자와 토마토로 만듭니다. 이는 신대륙 발견을 계기로 스페인이 번영하기 시작했을 뿐만 아니라, 현재 스페인 요리의 기반 역시 대부분 확립되었다는 것을 의미합니다.

새끼산양 아사도. 과거에는 들새를 비롯한 작은 동물들이 아사도(구이)의 재료로 쓰였지만, 지금은 새끼양이나 새끼산양 혹은 새끼돼지 등을 주로 쓴다.

빠에야 발렌시아나paella valenciana

아로스 꼰 레체|arroz con leche

이슬람교도의 이베리아 반도 진출로 인해 쌀의 재배와 이용이 본격화되었다. 또한
빠에야는 아랍인의 지배 역사가 길었던 발렌시아의 지역요리다.

멸치튀김

맛조개 철판구이

메를루사 등심 철판구이

바삭한 바깔라오

안심스테이크medallon de solomillo

통닭구이pollo asado

새끼양 발 요리patitas de cordero

삼면이 바다로 둘러싸여 있다는 지리적 조건보다 스페인의 식생활을 규정하는 것은, 그들이 수렵민족이자 목축민족이었다는 전통이다. 스페인의 해산물 요리와 육류 요리.

갈리시아식 문어 요리

빤 꼰 또마떼pan con tomate

파프리카와 토마토라는, 신대륙으로부터 온 두 가지 채소가 맛의 핵심이 되는 대표적인 요리들이다.

초리소를 비롯해 하몬, 모르시아, 로모 등 돼지고기 가공품은 오야 혹은 꼬시도라 불리는 국물 요리의 주재료로 쓰인다.

제
7
장

아로스

arroz: 쌀

1. 벼농사의 역사

스페인어로 쌀을 아로스arroz, 쌀로 만든 요리도 아로스라고
말합니다. 이 단어는 거의 동일한 발음의 아랍어를 어원으로
하고 있으며, 까스띠야어(스페인어)로 된 책에 처음 '아로스'라

는 단어가 등장한 것은 13세기 중엽입니다. 로마 시대 요리책에도 물에 풀어 사용하는 전분으로서 쌀에 대한 기술이 나오니, 로마의 지배가 길었던 스페인에서 그 당시 쌀의 존재는 당연해 보입니다. 그러나 이베리아 반도에 쌀을 보급하는 데 큰 역할을 담당했던 것은 이슬람 사람들입니다. 그들은 아라비아 반도에서 북아프리카를 통해 지중해를 따라서 서쪽으로 이동했고, 8세기 이베리아 반도 진출을 계기로 유럽의 쌀 재배 지역을 확대시키면서 이동해왔습니다. 따라서 스페인의 쌀 생산을 논할 때 8세기를 스타트 지점으로 말하는 것에 이견은 없겠죠.

아랍 사람들이 스페인에서 쌀을 재배하기 시작한 곳은 세비야, 꼬르도바, 그라나다 등의 남부와 무르시아, 알리깐떼 Alicante, 따라고나 등 동부 지중해 연안의 발렌시아 지역이었습니다. 그중에서도 수에까Sueca와 알부페라Albufera 일대는 가장 오래된 쌀 재배 중심지였습니다. 여기에서 시작된 경작지대는 18세기에 이르기까지 계속해서 확대되었고, 한때는 발렌시아 시가지를 위협할 정도로 넓게 논이 펼쳐져 있었습니다. 하지만 18세기에 들어 스페인 벼농사 역사를 바꾸는 사건이 일어납니다. 말라리아가 만연한 것입니다. 발렌시아 주변에서는 중세부터 이미 시가지와 벼농사지대가 과도하게 밀접한 것이 원인이 되어 전염병 발생 가능성이 높아졌고 작은 규모의 말라리아 발생이 반복되었다고 추정됩니다. 거기에 18세기 전반, 이상하리만치 경작 범위가 확대되고 벼농사 인구가 밀집됨에 따라 광범위하게 말라리아가 발생하게 되었습니다.

1760년대에는 발렌시아의 대부분 마을에서 출생률을 훨씬 웃도는 사망률이 기록되어 있습니다. 이런 현상이 정상화되기까지 약 10년이라는 세월이 필요했던 것을 보면, 말라리아의 규모가 얼마나 컸는지 짐작할 수 있습니다. 해결책으로 구 발렌시아 왕국은 엄격하게 경작지 제한령을 내렸습니다. 구체적으로는 '다른 식물의 경작에 적당하지 않은 천연의 습지대, 호수와 늪지대'로만 경작지를 한정하고, 하구의 델타지대, 저지대의 습원지 등 매우 한정된 토지에서만 쌀농사를 허락한다는 엄격한 규제였습니다. 이 금지·제한령은 이 지역의 벼농사 역사에 긴 그늘을 드리우게 됩니다. 관개용수의 완전한 순환이 실현된 오늘날에는 질병의 가능성이 거의 없지만, 생산과다에 의한 경제 불안정을 이유로 발렌시아 지역에서는 장기간에 걸쳐 경작 규모가 축소되었습니다. 다시 말해, 발렌시아에서 벼농사가 장려되는 것은 그것이 유일하면서도 최대한의 토지 이용일 경우로만 한정되는 것입니다. 그 판단은 토지의 질, 특히 염분의 함유도가 결정요인이 되기 때문에 현재 발렌시아의 벼농사지대에서는 다른 작물의 재배가 불가능하고, 윤작 역시 이루어지지 않습니다.

발렌시아를 대신하는 중요한 벼농사지대로서 부상한 곳은 19세기 말부터 벼농사가 정착된 에브로강 유역, 1940년대 이래 대규모 생산에 들어간 세비야, 그리고 1962년 이후 발전한 엑스뜨레마두라입니다. 현재 스페인에서 벼농사지대는 20여 지자체에 펼쳐져 있고, 지리적으로는 북위 42도의 지로나 Girona(스페인어로는 헤로나Gerona)부터 36도의 까디스Cádiz까지 넓은 지역에 분포되어 있습니다. 그중 중심적인 생산지라고 할 수 있는 곳은 발렌시아 남부의 세비야와 엑스뜨레마두라, 그리고 에브로강 유역, 이렇게 세 지역으로, 스페인 쌀의 80%가 생산되고 있습니다. 그중에서도 세비야와 바다호스Badajoz의 생산량 증가 추세는 발렌시아의 감소한 생산량을 보충하고도 남을 정도입니다.

최근 스페인의 벼농사는 장기간의 감소 경향을 깨고 약간씩 상승하고 있습니다. 2007년 생산량은 66만 5,000톤으로 이탈리아의 140만 톤에는 크게 미치지 못하지만 여전히 유럽공동체EC 내에서는 중요한 쌀 생산국입니다. 그에 반해 스페인의 국내 쌀 소비는 조금 감소 경향을 보이고 있기 때문에 현재 유럽공동체 내에서의 쌀 교역은 수출이 수입을 넘어서고 있습니다. 역사적으로 스페인에서 쌀 생산은 농업에서 큰 역할을 차지해왔습니다. 여기에는 기후 조건도 크게 기여하고 있습니다. 발렌시아, 세비야의 벼농사는 세계적으로 보아도 높은 수확률을 올리고 있는데, 이는 토질과 기후가 벼농사에 적합했기 때문입니다. 특히 기후 조건이 가혹해서 일반적인 농작물 재배에 적합하지 않은 토지가 많은 스페인에서는 강우량에 크게 좌우되지 않는 습지, 늪지 등 특수한 토지와 온난한 기후를 이용해 수확률을 높일 수 있는 벼농사는 항상 큰 존재가치를 가지고 있었습니다.

스페인 쌀의 주류는 '그라노 데 띠뽀 메디오Grano de tipo medio'*(중간 크기의 둥근 알곡)인데, 보통 유럽에서 주로 생산되는 품종인 '띠뽀 라르고Tipo largo'(긴 알곡)는 오히려 최근에 와

---

* 스페인의 쌀은 크게 세 가지 종류로 나뉜다. 아로스 데 그라노 라르고 오 띠뽀 인디까arroz de largo o tipo Índica, 아로스 데 그라노 메디오 오 띠뽀 하뽀니까arroz de grano medío o tipo Japónica, 아로스 데 그라노 레돈도 오 띠뽀 하뽀니까arroz de grano redondo o tipo Japónica. 이 점을 미루어보면 띠뽀 메디오(중간 크기의 알곡)와 띠뽀 레돈도(동그란 알곡)는 자포니카종에 속하는 것을 알 수 있고, 띠뽀 라르고(길쭉한 알곡)는 인디카종에 속하는 것을 알 수 있다. 그런데 자포니카종에 속하는 띠뽀 메디오와 띠뽀 레돈도라고 해도 우리나라나 일본에서 평소에 먹는 쌀과는 조금 다르다. 인디카계 쌀이 아닌데도 밥을 지었을 때 끈기가 없다. 그것은 밥을 짓는 것이 주된 역할인 한국과 일본의 쌀과 달리 스페인에서는 쌀에 다양한 재료를 넣고 향신료로 맛을 내기 때문이다. 그러다 보니 스페인에서는 요리 전체의 조화를 해치지 않도록 끈기가 없는 쌀을 선호하는 것이다.

서야 재배되기 시작했습니다. 스페인 쌀의 원형은 이탈리아 원산의 '발릴야balilla'라는 품종으로, 이것을 스페인의 벼농사에 적합하게 개량한 여러 품종이 현재 스페인 시장에 나오는 대부분의 쌀입니다. 특히 발렌시아에서는 알곡이 작았던 발릴야를 교배를 통해 개선해나가면서 키가 낮고 이삭이 밀집된, 스페인에 적합한 많은 신종 벼로 키워냈습니다. 그 외의 품종으로는 안달루시아에서 적응하여 주목받고 있는 지로나, 에브로강 유역에서 재배되고 있는 일본계 품종인 마쓰사카 등이 있습니다. 일본계 벼는 수확률이 낮고 알곡이 작으며 추운 기후에 적합한 품종이기에 스페인의 다른 지역에서는 적합하지 않습니다. 띠뽀 라르고의 주류는 이탈리아계 품종인 '아르보리오arborio'로 이 종의 개량은 눈부신 진보를 이루어왔습니다. 최근 띠뽀 라르고의 스페인 소비량은 증가 추세를 보이고 있다고 합니다. 그럼에도 주류는 변함없이 띠뽀 메디오입니다. 앞으로 언급하겠지만 스페인의 쌀 요리 대부분이 띠뽀 메디오를 염두에 두고 만들어졌기 때문입니다.

쌀 생산에 관해서는 기후에 대한 적응, 질병 및 해충에 대한 저항력, 나아가 수확률, 생산 효율 등 생산자의 관심에 기초한 품종 선발과 소비자의 선택이 일치해야만 합니다. 스페인에서 소비자는 쌀을 선택할 때 조리 시간이 짧을 것, 즉 조리할 때

쌀이 물을 많이 먹지 않을 것, 끓여냈을 때 쌀알이 뭉개지지 않고 점성을 띠지 않을 것을 기준으로 판단합니다. 대체로 쌀에 여러 맛을 첨가하여 조리하기 때문에, 일본에서 먹는 흰쌀밥처럼 쌀 자체의 맛은 오히려 중요하지 않은 것이죠. 그래서 스페인에서는 역사적으로 띠뽀 메디오 쌀을 선호했으며, 띠뽀 메디오를 전제로 쌀 요리를 개발해왔습니다. 스페인의 쌀 요리는 쌀의 특성에 맞추어 요리의 범주를 넓히고 지역적 특성을 확대해왔던 것입니다.

2. 쌀 요리의 변천

스페인에서 오래된 표현으로 "쌀과 죽은 닭arroz y gallo muerto" 이라는 말이 있습니다. 이것은 식사, 혹은 연회의 호사스러움을 나타낼 때 사용되는 표현입니다. 스페인의 식생활에서 쌀은 언제나 중요하면서도 기본적인 식재료 중 하나였습니다. 과거에도 현재에도 쌀 요리는 스페인 요리에서 특징적이고 중요한 위치에 있습니다.

우선 16세기, 루뻬르또 데 놀라의 책에서 쌀을 어떻게 다루는지 살펴봅시다.

첫 번째로 '만하르 블랑꼬manjar blanco'라는 까딸루냐의 전통요리에서 찾아볼 수 있습니다. 오늘날 '만하르 블랑꼬'는 달콤한 뽀스뜨레 메뉴에 속하지만, 중세에는 닭고기 등으로 육수를 내고 거기에 아몬드, 설탕, 장미수를 더한 독특한 요리였습니다. 놀라는 이 요리를 "중요한 세 요리 중 하나"라고 썼습니다. 놀라는 다양한 만하르 블랑꼬에 대해 기술했는데, 그 대부분에 '쌀가루harina de arroz'가 들어 있습니다. 만하르 블랑꼬에 쌀가루를 사용하는 것은 오늘날 요리에 전분을 사용하는 이유와 같습니다. 수프에 끈기를 주고 맛을 부드럽게 할 의도로 쌀가루를 사용하는 것이죠. 이렇게 쌀을 사용하는 방법은 로마 시대부터 내려오는 전통을 잇는 것이기도 합니다.

두 번째 사용법은 일반적인 '쌀 요리'에 관한 것입니다. 놀라는 '고기 육수에 끓인 쌀 요리'와 '오븐에 넣어 구운 까수엘라 쌀 요리'를 소개했습니다. '고기 육수에 끓인 쌀 요리'는 쌀을 육수에 넣고 끓인 후 산양젖이나 양젖을 넣고 달걀을 풀어 섞은 후 마지막으로 설탕과 시나몬을 뿌립니다. 이처럼 익힌 쌀에 우유와 설탕을 넣는다는 발상은 흥미롭게도 근대 이후 스페인의 가장 기본적인 뽀스뜨레인 쌀푸딩, 즉 '아로스 꼰 레체arroz con leche'로 통합니다. 이 뽀스뜨레는 18세기 후안 데 알따미라스의 책이 나왔던 무렵부터 등장합니다.

한편 '까수엘라로 만든 쌀 요리'는 오늘날 '오븐에 구운 쌀 요리arroz al horno', 별칭 '누룽지가 있는 쌀 요리arroz al costra'와 거의 같은 것이라고 할 수 있습니다. 이것은 까수엘라에 육수와 쌀을 넣고 예열한 오븐에서 굽다가 달걀을 풀어 흘려 넣고 노릇하게 눌어붙을 때까지 구워낸 것입니다. 이때 이미 까수엘라로 쌀 요리를 만드는 전통이 시작된 것입니다. 현재 스페인 쌀 요리는 조리 방법에 따라 빠에야 냄비로 만든 것, 까수엘라로 만든 것, 뿌체로(깊은 냄비)로 만든 것으로 나눌 수 있습니다. 이 중에서 세계적으로 스페인을 대표하는 요리인 빠에야는 실제로는 19세기 후반까지 존재하지 않았는데, 까수엘라 쌀 요리가 더 오래되고 널리 보급되었다는 사실은 의외로 잘 알려져 있지 않습니다.

역사적으로 스페인의 쌀 생산 중심지였던 발렌시아는 당연히 쌀 요리의 체계를 살펴볼 때에도 중요합니다. 발렌시아에서 독자적으로 발전한 것이 빠에야이기 때문입니다. '빠에야 paella'란 얕고 넓으며 손잡이가 달린 철 냄비를 말하는데, 이것으로 만든 요리도 빠에야라고 부릅니다. 발렌시아의 벼농사지대에서 태어난 이 요리의 원형은 '빠에야 데 깜뽀paella de campo'(들의 빠에야)로, 쌀에 강낭콩, 토끼, 달팽이 등을 넣어 푹 끓인 음식이었습니다. 또, 같은 발렌시아라고 하더라도 바닷가에서는 어패류를 사용한 빠에야가 있었고, 이 두 요리가 하나가 된 것이 현재 '빠에야 발렌시아나' 혹은 '빠에야 믹스따paella mixta'라고 불리면서 피서객이나 관광객을 통해 세계적으로 알려지게 됩니다.

여기서 주목할 점은 쌀 요리가 채소 요리, 콩 요리, 파스타 등과 마찬가지로, 원래는 쁘리메르 쁠라또(첫 번째 접시)*였다는 점입니다. 그리고 거기에 여러 재료가 더해지면서 메인 디시라고 해도 좋을 만큼의 양이 된 빠에야는 첫 번째 접시일 뿐 아니라 일품요리에 해당하는 '쁠라또 우니꼬plato único'로도 인정받게 되었습니다. 쌀 요리 중에서 오직 빠에야만이 최근 스페인에서 주말 요리, 아웃도어 요리의 이미지를 획득했다는 점도 빠에야가 쁠라또 우니꼬로 인정받게 된 것과 관련 있겠죠. 왜냐하면 빠에야 이외의 쌀 요리는 쁠라토 우니꼬가 되지

---

* 앞서 설명했다시피, 스페인식 정찬은 첫 번째 접시primer plato, 두 번째 접시segundo plato, 디저트postre의 순서로 구성된다. 그런데 스페인의 식당을 처음 찾는 사람들은 첫 번째 접시와 두 번째 접시의 구분을 보고 놀랄지도 모른다. 보통의 서양식 식사에서 첫 번째 접시는 가벼운 요리, 두 번째 접시는 고기나 생선 등의 무거운 요리가 나오는데, 스페인의 식사에서는 의외로 첫 번째 접시에 무거운 요리가 나오는 경우가 있기 때문이다. 그럼에도 빠에야가 첫 번째 접시에 위치하는 것은 이탈리아에서 파스타나 리조토가 프리모 피아토primo piatto(이탈리어로 첫 번째 접시를 의미)에 온다는 것을 생각해보면 납득이 가기도 한다.

않았기 때문입니다.

발렌시아 중심의 지중해 연안에서 쌀 요리가 어떻게 자리 매김했는지 잘 알려주는 것은 '따로따로 만든 쌀 요리arroz a banda'입니다. 이 요리는 무르시아 연안의 명물 요리로, 생선으로 육수를 낸 국물에 쌀을 끓여서 첫 번째 접시로 내고, 따로 쪄낸 생선을 두 번째 접시로 내는 요리입니다. 이것이 이 지역에서 쌀 요리를 먹는 기본적인 방법이 아닐까 합니다. 빠에야 냄비를 사용한 쌀 요리는 발렌시아를 중심으로 인접한 까딸루냐, 무르시아에도 있습니다. 무르시아에는 '따로따로 만든 쌀 요리'가 있고, 까딸루냐에는 '오징어먹물 쌀 요리arroz negro'가 있는데, 이렇게 보면 빠에야 요리에는 어패류를 사용한 쌀 요리가 많은 것 같습니다. 그 밖의 지역에는 원래 빠에야 냄비로 만든 요리가 존재하지 않았습니다. 오늘날, 몰려드는 외국인 관광객에게 빠에야 믹스따는 스페인 전국에서 먹는 지극히 유명한 요리가 되었고, 마드리드에서도 일요일 점심식사로 빠에야를 먹는 가정이 드물지 않게 되었습니다. 그렇다 하더라도 지중해 연안 이외의 빠에야는 대체로 발렌시아의 모방에 그치고 있어서, 민물가재cangrejo del río를 사용하는 몇몇 내륙 지역 외에는 거의 독창성을 찾아볼 수 없습니다.

한편 까수엘라로 만든 쌀 요리에서는 지역마다 고유의 독창성을 찾아볼 수 있습니다. 알렉상드르 뒤마는 스페인 기행에서 "마라가또maragato(레온 지역 사람)들은 항상 아로스를 먹고 있다."라고 썼는데, 이 요리는 까수엘라로 조리된 것입니다. 사모라Zamora에서 지금도 먹고 있는 '사모라식 쌀 요리arroz zamorano'는 뒤마 시대부터 전해져 내려온 요리라고 볼 수 있습니다. 돼지의 귀와 다리, 소시지 등과 함께 쌀을 끓여낸 매우 진한 맛의 이 쌀 요리는 지중해 연안보다 겨울의 추위가 한층 혹독한 내륙부이기에 태어난 음식입니다.

발렌시아에서는 까수엘라 중에서도 밑이 편편하고 얕은 것을 '로세하도라rosejadora'라고 하는데, 이를 사용한 대표적인 요리가 맨 처음에 언급한 '오븐에 구운 쌀 요리'입니다. 즉 까수엘라를 사용한다는 것은 오븐에서 조리하기에 적합하다는 의미입니다. 재료가 살짝 익기 시작할 때까지 불 위에서 조리한 후 까수엘라를 오븐에 넣어 비교적 적은 수분으로 조리함으로써 (빠에야처럼 마른 듯 완성되는 요리가 아니라) 촉촉하고 부드러운 쌀 요리가 완성되는 것입니다. 적은 수분으로 천천히 간접적으로 열을 가해 조리할 수 있는 까수엘라의 특질을 살린 요리라고 할 수 있겠죠.

빠에야는 바닥 면적이 넓은 냄비를 불꽃 위에 직접 올려서 굽기 위한 냄비입니다. 쌀이 끓어서 심이 없어질 때까지의 시간과 최소한의 수분만으로 쌀이 흩어지도록 완성시키는 것이 올바른 조리법입니다. 한편 까수엘라는 느긋한 열전도와 높은 보온 능력을 살려 단시간 가열한 후 뚝배기의 잔열을 이용해서 쌀을 완전히 조리할 수 있기 때문에, 까수엘라째로 오븐에 넣어 만드는 쌀 요리가 발달해왔습니다. 이에 반해 뿌체로나 속이 깊은 까수엘라는 주로 국물이 있는 쌀 요리인 '아로스 깔도소arroz caldoso'를 조리하는 데에 사용되었습니다. 또 최근 발렌시아에서는 끈기 있는 쌀을 사용하는 '아로스 멜로소arroz meloso' 같은 조리법도 인기가 있습니다. 빠에야가 발렌시아 어느 가정에서나 만드는 평범한 요리였던 데 반해 뿌체로 요리사들이 독자적인 요리를 개발하려고 시도하던 중 주목받게 된 조리법이라고 말할 수 있겠지요. '아로스 깔도소'와 '아로스 멜로소' 모두 충분한 수분으로 끓이는 것이 기본이어서 이른바 수프에 가까운 요리인데, 넣는 재료와 조리 형태에서 선택의 폭이 넓기 때문에 여기에 스페인 쌀 요리의 미래가 있을지도 모릅니다.

스페인 요리에서는 드문 편인 흰쌀 요리, '아로스 블랑꼬arroz blanco' 역시 언급해두고 싶습니다. 흰쌀이라고는 하지만 밥을 짓는 것이 아니라 파스타처럼 소금물에 삶아 내는 것이 아로스 블랑꼬입니다. 이 쌀 요리는 '오징어먹물로 조리한 꼴뚜기 요리chipirones en su tinta'에 곁들이기도 하고, 토마토소스와 달걀 프라이를 곁들여서 '아로스 알 라 꾸바나arroz a la cubana'라는 요리가 되기도 합니다. 이 아로스 블랑꼬만은 띠뽀 라르고 (긴 알곡) 쌀이 적합합니다. 많은 양의 물에 삶아내는 방법으로 띠뽀 메디오를 조리하면 끈기가 생기기 쉬워서 적합하지 않습니다.

빠에야만이 세계적으로 홀로 서기 시작했기 때문에, 원래의 스페인 요리체계에서 쌀 요리의 위치가 모호해진 것은 부정할 수 없습니다. 쌀은 중요한 식재료이지만 스페인에는 거의 쌀을 먹지 않거나, 존재 자체를 모르는 지역도 있으니까요. 발렌시아라는 특수한 곳을 제외한다면, 역시 쌀은 어디까지나 곡물 중 하나에 지나지 않습니다.

레굼브레

legumbre: 콩류

1. 콩의 이모저모

'레굼브레legumbre'는 좁은 의미로는 콩류, 넓은 의미로는 채소 전반을 가리키는 스페인어 단어로, 손으로 따는 것을 의미하는 라틴어에서 왔다고 합니다. 여기서는 광의의 레굼브레가 아닌, 보다 일반적으로 사용되는 콩류로서 레굼브레에 대해 살펴보려고 합니다.

스페인 식문화체계에는 오래전부터 콩이 존재했습니다. 그 중에서도 기본적인 것이 '말린 콩legumbre seca'으로, 스페인 사람들의 식생활에서 곡류 이상으로 큰 비중을 차지하고 있습니다. 19세기 무로의 요리사전 콩류 항목에는 '병아리콩garbanzo, 완두콩guisante, 강낭콩judías, 렌틸콩lentejas'이 나와 있습니다. 이들은 스페인에서 대표적인 콩류라고 할 수 있습니다. 이 중 완두콩은 건조한 것보다 생것을 많이 사용하지만, 병아리콩, 강낭콩, 렌틸콩은 말린 것을 사용하며, 예나 지금이나 스페인 가정요리에서 중요한 콩들입니다.

병아리콩은 카르타고인들이 이베리아 반도로 가져왔다고 알려져 있습니다. 아프리카 대륙에서 이베리아 반도로 진출한 그들은, 우선 까디스, 말라가 등 아프리카와 마주 보고 있는 연안 도시를 근거지로 삼고 그곳에서 병아리콩 재배를 시작했으며, 후에 까르따헤나Cartagena 시가지를 조성할 때도 대량의 병아리콩을 가져갔다고 합니다. 당시 이베리아 반도를 지배하고 있던 로마인은 카르타고인들을 '콩 먹는 사람'이라고 부르며 놀렸다고 전해지는데, 훗날 로마는 그 카르타고와의 전쟁에서 패배의 쓴잔을 들이켜게 되죠. 전쟁이 없던 시기에는 병사들에게 밭을 일구도록 한 카르타고의 정책은, 토질을 가리지 않는 병아리콩의 특질과 함께 이 작물이 이베리아 반도 진출에 성공하게 된 큰 요인이 되었던 것입니다.

병아리콩 재배는 까다롭지 않고, 스페인의 기후 풍토에 매우 적합합니다. 건조에도 강하고 극단적인 추위와 더위에도 견디며, 또 규산 점토질 토양, 황산칼슘이나 유기질이 부족한 토양에서도 적응합니다. 즉 추위와 더위의 차가 심한 스페인 중부, 강우량이 적은 남부, 토양이 좋지 못해 다른 작물이 적응하지 못하는 곳에서도 훌륭하게 적응합니다. 현재 스페인에서 병아리콩 재배 면적은 약 8만 5,000헥타르, 연간 수확량은 약 4만 8,000톤으로, 70% 가까이를 세비야를 중심으로 한 안달루시아에서, 나머지를 까스띠야 라 만차와 엑스뜨레마두라에서 생산하고 있습니다. 동부 지중해 연안에서는 병아리콩이 거의 재배되지 않습니다. 이 지역은 남부에 비해 강우량도 많고 발렌시아부터 무르시아에 걸쳐 있는 우에르따(관개농업지대)처럼, 다양한 농작물에 적합한 지대가 펼쳐져 있어 병아리콩에 의존할 필요가 없었기 때문입니다.

병아리콩 이상으로 오랜 역사를 가진 것이 렌틸콩lenteja입니다. 이 콩은 이미 구약성경에서 "한 접시의 렌틸콩과 바꾸어 장자의 권리를 팔다."라는 야곱과 에서의 일화*에 등장합니다. 렌틸콩은 지중해 연안에서 예부터 중요한 식재료였습니다. 알메리아 근교의 고대 유적에서는 곡물(주로 밀 종류)과 렌틸콩 알곡이 발견되었습니다. 이 땅의 문명은 청동기와 도기를 중심으로 번영했는데 렌틸콩이 기본적인 식재료 중 하나였다고 생각됩니다. 곡물과 렌틸콩, 그리고 도토리 가루를 섞어서 만든 딱딱한 빵 같은 것도 오래전부터 만들어졌습니다. 이런 빵은 서고트족이 지배하던 시대에 뿔떼pulte라는 이름으로 이미 존재했는데, 오늘날 스페인에서 가차gacha 혹은 뿌체스puches 등으로 불리는 곡물과 콩류의 가루를 반죽한 요리의 원형은 이즈음까지 거슬러 올라갑니다.

렌틸콩은 일반적으로 건조한 토지에서 재배되며 연간 200~300밀리리터의 적은 강우량에서도 적응합니다. 19세기 스페인에서 나온 농업서에도 "건조하고 토질이 좋지 않은 곳에서 재배해야 한다."고 적혀 있으며, 그 근거는 "개화기에 과도한

---

* 이 이야기는 구약성경 창세기 25장 34절의 "야곱의 떡과 팥죽을 에서에게 주매 에서가 먹으며 마시며 일어나서 갔으니 에서가 장자의 명분을 경홀히 여김이었더라."는 구절을 말한다. 우리말 성경에서는 팥죽이라고 번역됐는데, 붉은 렌틸콩을 한국적인 상황에 맞게 해석한 것으로 보인다.

습도나 우거짐 때문에 꽃이 떨어지고만다."는 것입니다. 현재 렌틸콩은 거의 대부분의 토양에서 적응하는 것으로 알려졌는데, 그중에서도 석회질이 적은 모래 점토질 토양을 좋아합니다. 그러한 조건을 증명하듯 재배 지역은 중앙부 및 북서부 까스띠야에 분포하고 있습니다. 특히 꾸엔까, 알바세떼, 똘레도 등 전형적인 내륙형 기후 지역을 중심으로 재배되며, 연안 지역에서는 전혀 지배되지 않습니다. 스페인 시장에서는 다섯 종류의 렌틸콩이 유통되며, 그중 하나는 터키에 기원을 두고 있습니다. 일반적으로는 황색을 띤 녹색의 콩이 많고 그 외에 암록색에 가까운 것, 붉은빛을 띤 것도 있습니다.

강낭콩alubia은 스페인 콩의 역사에서 가장 늦게 등장합니다. 이 콩은 아메리카 대륙에서 감자, 옥수수 등과 함께 들어왔으며, 16세기 이후에 식재료로서 정착했기 때문입니다. 신대륙에서 전래된 식재료 중 강낭콩은 비교적 빠르게 정착한 편입니다. 당시의 식생활에서 콩은 중요한 위치를 점하고 있었는데, 로마 시대부터 이어져 내려온 다채로운 종류는 점차 줄어들어 병아리콩, 렌틸콩, 누에콩haba, 완두콩 등 한정된 품종만을 재배하게 됩니다. 거기에 새로운 가능성으로 등장한 강낭콩은 스페인 각지에서 급속하게 시민권을 획득했습니다.

강낭콩은 후디아judía라고도 불리며, 지역에 따라 여러 이름을 가지고 있습니다. 아비추엘라habichuela, 프레홀frejol 등은 모두 이 강낭콩의 동료들을 가리키는 이름입니다. 이와 같이 지역마다 애칭이 있는 것도 이 콩이 스페인 식생활에 얼마나 깊이 침투해 있는가를 보여주는 것이라고 볼 수 있겠죠. 스페인에는 269종의 강낭콩이 있다고 하는데, 기본적으로는 네 종류로 나눌 수 있습니다. 그중에서도 대부분을 점하는 것은 후디아 꼬문judía común이라고 불리는 종으로, 스페인의 시장에 나오는 많은 종류의 강낭콩이 여기에 포함됩니다.

강낭콩의 재배 지역은 갈리시아부터 까스띠야 북부를 중심으로 바르셀로나, 발레아레스 제도, 그라나다 등에도 흩어져 있지만 중앙부에서는 거의 생산되지 않습니다. 이들 재배지의 공통점은 다른 작물도 생산할 수 있는 농업지대라는 점입니다. 즉 강낭콩은 비교적 비옥한 토지에서 재배되고 있음을 알 수 있습니다. 강낭콩의 재배 면적은 최근에 크게 줄었습니다. 하지만 주 재배지에서는 안정된 생산이 계속되고 있어서 재배 면적이 줄어든 것이 그대로 강낭콩 수요가 급락했다는 것을 의미하지는 않는 듯합니다. 강낭콩은 종류가 많기 때문에 각지에서 재배되는 품종은 그 지역의 독자적인 식생활과 밀접하게 연관되어 있습니다. 앞서 강낭콩은 아메리카 대류에서 온 것이라고 설명했는데, 유일하게 그 이전부터 스페인에 있었던 후디아 까리야judía carilla라는 강낭콩이 한 종 있습니다. 이 콩은 지금도 엑스뜨레마두라에서 주로 생산되고 있는데, 일반적으로는 그 맛을 그다지 선호하지 않는 듯합니다.

스페인에서는 식재료의 훌륭한 특질과 고유성을 지키기 위해 지리적원산지보호제도IGP가 시행되고 있으며, 콩류도 예외는 아닙니다. 라 바녜사La Bañeza와 아빌라의 강낭콩, 아스뚜리아스와 로우렌사Lourenzá의 강낭콩인 파바faba, 푸엔떼사우꼬Fuentesaúco의 병아리콩, 아르무냐Armuña와 띠에라 데 깜뽀스Tierra de Campos의 렌틸콩 등 모두가 예부터 알려진 대표적인 콩 생산지로, 오늘날 그 가치가 새롭게 인식되고 있습니다. 이런 보호장치는 식재료의 품질 유지와 함께, 전통요리의 측면에서뿐 아니라 스페인 요리의 미래를 위해서도 크게 환영할 만합니다.

2. 콩 요리의 역사

현재 스페인의 식사 메뉴는 일반적으로 첫 번째 접시, 두 번째 접시, 그리고 디저트로 구성됩니다. 첫 번째 접시로는 수프, 채소 요리, 전채요리entremés 등이 나오고, 두 번째 접시로는 생선 혹은 고기 요리가, 마지막으로 뽀스뜨레가 나오는 것이죠. 콩을 사용한 요리는 원칙적으로는 첫 번째 접시로 나옵니다. 쌀과 그 외의 곡물, 파스타도 첫 번째 접시로 나오는데, 스페인 어느 지역에서나 콩 요리는 첫 번째 접시에서 가장 큰 비율을 차지합니다. 다시 말해 '콩 요리로 시작하는 식사'는 스페인 사람들의 식생활에서 지극히 기본적이며 일상적입니다.

병아리콩을 사용한 요리의 필두는 꼬시도cocido겠죠. 스페인 요리의 전형이라고 할 수 있는 이 음식에 대해서는 이미 '오야olla'를 다룬 장에서 자세히 설명했습니다. 여기서는 이 요리의 원형 중 하나라고 여겨지는 유대인들의 요리, '아다피나adafina'에 이미 기본적인 재료로 병아리콩이 사용되었던 것에 주목하고 싶습니다. 이 요리는 성모 마리아의 어머니인 성 안나가 만든 것이라고 전해지며, 유대 계율을 따르고 있습니다. 즉 모세의 율법에 의해 허락된 양 혹은 산양의 고기와 병아리콩, 채소와 허브를 넣고 끓이는 요리로, 국물과 채소, 고기가 골고루 들어갑니다. 아다피나는 유대교도들이 이베리아 반도에서 번영하던 시대에 정착했습니다. 그리고 유대인에 대한 박해와 추방 후에는 기독교도의 요리로서 적응하면서 각지에서 다양한 꼬시도로 변화된 것이라고 짐작됩니다. 그 과정에서 고기는 양에서 돼지고기와 돼지고기 가공품으로, 채소는 각지에서 손에 넣을 수 있는 것으로 바뀌었지만, 병아리콩만은 기본 식재료로서 대부분 지역의 꼬시도에 살아남았습니다.

병아리콩이 들어가는 또 하나의 대표적인 요리는 뽀따헤 potaje입니다. 뽀따헤라는 이름은 프랑스어의 포타주와 같은 어원에서 온 것이지만, 스페인어에서는 '콩과 채소를 끓인 수프'로 정의내릴 수 있습니다. 덧붙여 그 이외의 빵, 쌀, 파스타 등이 들어간 수프를 소빠sopa, 크림 같은 질감을 가진 것을 끄레마cremá, 맑은 것을 깔도caldo라고 부르는 것이 대략적인 수프의 분류입니다. 지역에 따라 뽀따헤에 사용하는 콩의 종류는 달라지지만, 내륙에서는 주로 병아리콩을 사용합니다. 거기에 감자, 당근 등 여러 채소를 함께 넣습니다. 이 뽀따헤 역시 꼬시도와 함께 매우 가톨릭적인 요리라고 할 수 있습니다. 이렇게 보면 스페인에서는 콩 요리가 고기를 금하는 금육일 식사 comida de vigilia로서 교회가 정하는 규율에 따른 음식이며, 그렇기 때문에 가톨릭과 밀접한 관련을 갖고 전개되어왔다는 것이 한층 명확해집니다. 스페인의 중세 희곡에 "일요일에는 병아리콩, 월요일에는 완두콩, 목요일에는 렌틸콩, 토요일에는 누에콩"이라고 금육일의 식단을 선고하는 내용이 있습니다. 그 이외에 금요일은 엄한 단식, 수요일은 시금치espinaca, 화요일은 콩가루를 반죽한 가차gacha라고 정한 규칙을 더한다면 금육일 식사의 대부분이 콩을 중심으로 구성되는 것을 알 수 있습니다. 육류를 사용하지 않는 병아리콩 뽀따헤도 그런 금육일 식사의 일환으로 교회나 수도원에서 시작되어 서민생활에 정착했습니다. 수도원 요리를 가장 잘 전하고 있다는 엑스뜨레마두라 지역의 뽀따헤는 병아리콩에 바깔라오, 시금치, 삶은 달걀 등을 넣어 만듭니다. 바깔라오 또한 금육일을 위한 대표적인 수도원 식재료였습니다. 이 '뽀따헤 엑스뜨레메뇨potaje extremeño'가 금육일 요리로서 뽀따헤의 원형이라고 봐도 틀림없을 것입니다.

렌틸콩을 사용한 특징적인 요리 중 하나는 '렌떼하스 꼰 아로스lentejas con arroz'입니다. 이 요리는 렌틸콩과 쌀을 끓인 것으로 스페인 요리에 맛을 내는 독특한 방법을 잘 보여줍니다. 이 요리에서 쌀은 맛을 보충하기 위해 더해집니다. 즉 쌀이 조미를 위한 재료라고 할 수 있습니다. 렌틸콩 이외에 강낭콩이나 병아리콩도 마찬가지로 쌀을 섞어 수프를 만드는 경우가 있습니다. 이것은 속칭 '엠뻬드라도empedrado'라는, 맛을 덮어 숨기고 완화시키는 조리법으로, 콩을 끓인 것에 쌀의 단맛을 더해 요리를 부드럽게 완성하는 것입니다. 그런 의미에서 렌틸콩과 쌀은 매우 성공적인 조합이라고 할 수 있겠죠. 한편 렌틸 콩과 돼지고기나 돼지 발과 귀, 또시노, 초리소 등을 끓인 것은 까스띠야를 비롯하여 스페인 중앙부에서 특히 마딴사(돼지를 잡아 가공식품을 만드는 겨울 행사) 시기의 중요한 요리입니다. 렌틸콩은 콩류 중에서도 가장 단백질이 풍부하며, 다른 농작물이 적은 지역에서 귀중한 영양원이 됩니다. 하지만 콩 자체가 가진 맛이 단순하기 때문에 이렇게 쌀이나 고기 등의 식재료로 맛을 더함으로써 매일의 식생활 속에서 질리지 않도록 궁리한 것입니다.

이미 언급했듯, 강낭콩은 지역에 따라 꽤나 다양한 품종이 재배됩니다. 그중에서도 가장 많은 생산량을 자랑하는 것은 '후디아 블랑까judía blanca'입니다. 이 콩을 사용한 가장 유명한 요리는 아스뚜리아스의 '파바다fabada'겠죠. 이 요리는 이 지역에서 나는 알이 큰 하얀 강낭콩 파바faba를 사용하고 돼지고기 혹은 돼지 가공품으로 맛을 내는 수프입니다. 갈리시아에서도 파바와 비슷한 콩을 생산하는데, 이 콩을 '뽀떼 가예고pote gallego'(갈리시아식 뽀따헤)에 넣습니다. 아빌라 근교의 엘 바라꼬라는 마을은 강낭콩 산지로서 잘 알려져 있는데, 하얀 강낭콩뿐 아니라 빨간 강낭콩judía morada도 생산합니다. 검은빛을 띤 강낭콩 똘로사나tolosana는 바스크에서 생산되며, 반점이 있는 후디아 삔따judía pinta는 레온 근교에서 생산됩니다. 알이 큰 강낭콩인 후디온judíon은 세고비아 근교의 그란하Granja에서 생산되는 등 각각의 품종마다 중점적인 생산지가 있으며, 그 일대에서는 반드시 그 콩을 사용한 독특한 음식을 맛볼 수 있습니다. 콩 중에서 역사가 가장 얕은 강낭콩이 다양한 지역에 침투되고 전통요리 속에 깊이 뿌리내린 것을 통해 이 콩이 스페인 사람들의 기호에 얼마나 잘 맞았는지를 알 수 있습니다.

최근 스페인 요리계에서는 역사적으로 오랫동안 존재해온 말린 콩이라는 식재료를 새로운 형태로 메뉴에 포함시키려는 움직임이 있습니다. 콩 요리는 풍부한 단백질을 가지고 있고 소화가 잘된다는 장점이 있지만, 상당히 배가 부른 요리이고, 무엇을 넣느냐에 따라 상당히 고칼로리의 요리가 되어버린다는 단점이 있습니다. 그렇기에 콩이 가진 장점을 살리면서 현대의 식생활에 어울리는 콩 요리를 만들기 위해, 수프가 아니라 샐러드에 넣거나, 수프의 맛을 살리기 위해 동물성 유지를 많이 사용하는 대신에 향신료를 이용해 맛을 내는 방법 등이 고려되고 있습니다. 국민이 필요로 하는 단백질을 국내에서 공급하기 위한 비장의 카드로서 스페인 정부도 콩을 적극 권장하고 있으며 강낭콩의 생산지 감소를 막기 위해 성명을 발표하기도 했습니다.

하지만 일반인이 콩에 대해 가지고 있는 이미지는 예부터 먹어왔던 '콩 수프'입니다. 그리고 가난하던 시절 굶주림에 대항할 소중한 무기였던 건조 콩은 포식의 시대를 맞이한 현대 스페인의 식탁에 등장할 기회가 점차 줄어가고 있습니다. 전통적인 식재료에 의한 균형 잡힌 식사를 젊은이들에게 전하기 위해서 초등학교 급식이나 대학교 카페테리아 메뉴에도 콩 수프가 일정한 빈도로 등장하지만, 그들에게 인기 있는 메뉴는 파스타나 건강하고 가벼운 요리로, 콩 요리는 많이 선호하지 않는 듯합니다.

그렇기 때문에, 예부터 기후와 토지 조건에서 스페인에 적합한 작물인 콩이 살아남기 위해서는 보다 현대적인 콩 요리를 생각해내야 합니다. 게다가 젊은이들의 기호만이 문제가 아닙니다. '수프 끓일 시간이 없어진' 가정의 사정과 전통요리가 존속하기 어려워진 오늘날 선진국의 현실에 스페인 역시 직면해 있기 때문입니다.

우에보

huevo: 달걀

달걀은 스페인 식생활에서 굉장히 기본적인 식재료입니다. 그러나 최근 스페인 사람들의 달걀 소비량이 계속해서 감소하고 있는 데다 젊은 층이 많은 가정일수록 달걀 소비량이 적다는 통계가 나왔습니다. 스페인 사람 1인당 달걀의 연간 소비량이 최근 20년간 300개에서 190개로 줄었다는 것입니다. 스페인의 조사기관은 이 현상을 "달걀이 콜레스테롤 증가를 초래하므로 지속적으로 먹지 않는 편이 좋다는 말을 들어온 세대일수록 소비가 줄어든 것으로 추측된다."라고 분석합니다. 하지만 여전히 달걀은 꼭 필요한 식재료이며, 달걀 요리를 무시하고서는 스페인 요리를 이야기할 수 없습니다. 달걀을 가리키는 스페인어 '우에보huevo'는 닭을 비롯해 여러 조류의 알, 그리고 생선 알까지를 통칭하지만, 일반적으로는 달걀을 가리키죠. 달걀 이외의 조류의 알은 아주 적게 소비가 늘고 있다고는 하지만 거의 사용되지 않는다고 할 정도입니다.

달걀은 가톨릭과 밀접한 연관성을 가진 식재료입니다. 스페인 성당의 그리스도상을 둘러싼 장식에서 달걀 조형을 볼 수 있는데, 중세 스페인에서 달걀에 종교적인 의미를 부여했다고 추측할 수 있습니다. 달걀이 그리스도 부활의 상징으로 여겨지면서 그 후에도 부활절Pascua과 달걀 사이에는 항상 밀접한 관계가 부여되어왔습니다. '모나 데 빠스꾸아mona de Pascua'라고 불리는 삶은 달걀을 넣은 빵이나 비스꼬초를 만드는 풍습은 까딸루냐를 중심으로 지중해 연안의 대부분 지역에서 지금도 볼 수 있습니다. 또 대부모가 대자에게 달걀을 본뜬 과자를 보내는 관습도 많은 지역에서 이어져 내려오고 있습니다.

동시에 달걀은 금육일 식사의 중요한 식재료였는데 이 점에서도 종교와 밀접한 연관을 가지고 이어졌습니다. 지금도 각지의 수도원에서는 달걀을 사용한 여러 요리와 과자가 전해지고 있습니다.

한편 요리책에 순수한 달걀 요리가 등장한 것은 16세기 말의 일입니다. 그보다 훨씬 옛날부터 달걀이 기본적인 식품이었음에도, 16세기 초 놀라가 쓴 책에는 아직 달걀을 이름에 내건 요리가 거의 존재하지 않았습니다. 드물게 달걀을 풀어 넣은 형태의 수프 '달걀 뽀따혜'와 또르띠야(스페니시 오믈렛)의 원형이라고 말할 수 있는 '샐비어가 들어간 달걀 또르따' 정도가 있었는데, 이 또르따는 샐비어 잎을 넣어 달걀을 굽고 다량의 설탕을 뿌린 것이었습니다. 1599년의 그라나도, 1622년의 몬띠뇨의 책에서 비로소 달걀 요리가 하나의 요리 분야로서 확장을 보이기 시작했습니다. 그리고 19세기 무로의 책에서는 '달걀과 채소 요리'가 하나의 장으로 묶이기에 이르렀습니다. 무로는 자신의 요리사전에도 달걀과 달걀 요리에 많은 페이지를 할애하고 있습니다. 거기서 흥미를 끄는 것은, 아주 단순한 것을 포함해 꽤 많은 수의 달걀 요리에 자신의 오리지널 요리라고 주석을 표기했다는 점입니다. 이것은 이전까지 가정요리로 여겨졌던 달걀 요리를 프로 요리사의 눈으로 개선하자, 요리로서의 평가를 보다 명확하게 내려보자고 시도한 것으로 볼 수 있겠죠. 다시 말해, 달걀 요리는 먼저 서민의 식생활 속에서 정착했고 시간이 지나며 현대에 가까워질수록 요리로서 평가받고 개성을 인정받게 되었던 것입니다. 중세 스페인 문학 속에 나오는 달걀 요리는 여관이나 여인숙에서의 간단한 저녁식사, 여행자에게 급하게 낼 수 있는 따뜻한 음식을 위한 식재료였습니다. 그랬던 달걀 요리가 스페인 요리체계의 한 장르로 확립되기까지는 프랑스와 이탈리아의 영향은 물론, 각 시대 요리사들의 시행착오와 노력이 있었습니다.

대표적인 달걀 요리 몇 가지를 이네스 오르떼가의 《달걀과 또르띠야의 책El libro de los huevos y de las tortillas》에서 소개해보려 합니다. '우에보 두로huevo duro'는 완숙 달걀, '우에보 빠사도 뽀르 아구아huevo pasado por agua'는 반숙 달걀을 말합니다. 이 지극히 단순한 조리법은 삶은 달걀이 주인공으로 활약하는 요리 외에도 때때로 독특하게 사용됩니다. 예를 들면 엔살라다에 넣는 완숙 달걀은 올리브유와 식초로 간결하게 맛을 낸 샐러드를 부드럽게 하는 역할을 하고, 뽀따헤나 소빠에 넣은 완숙 달걀은 국물에 깊이를 더하기 위해 중요한 포인트가 됩니다. 또 20세기 초의 요리사 호세 사라우José Sarrau*의 창작요리 중에 '스페인풍 달걀los huevos de España'이라고 불리는 것이 있는데, 이 요리는 수란이나 반숙한 달걀을 하몬을 넣은 세리주Jérez 풍미의 젤라틴 속에서 식혀 굳힌 것입니다.

달걀 프라이에 해당하는 '우에보 프리또huevo frito'는 매우 스페인적인 조리법 중 하나입니다. 프리또는 '기름 속에서 조리한 것'을 의미합니다. 프라이팬에 충분한 기름을 달구고 그 속에 달걀을 깨 넣어 가열하는 것인데, 이 조리법을 단순히 '굽다'로 표현하는 것은 부족합니다. 실제로 스페인의 달걀 프라이는 '조리 중 달걀이 기름 위에 떠서 팬과 닿지 않도록' 조리해야 한다고 정의됩니다. 여기에 각종 엠부띠도스(소시지 같은 돼지고기 가공품)와 채소, 특히 감자튀김을 곁들이기도 하고, 삶은 쌀을 올리면 '아로스 알 라 꾸바나arroz a la cubana'(쿠바풍 쌀 요리)가 되기도 하여 일상적인 '한 접시만으로 구성된 식사, 즉 쁠라또 우니꼬plato único'(일품요리)가 되기도 합니다.

스크램블 에그에 해당하는 '우에보스 레부엘또스huevos revueltos'도 마찬가지로 스페인적인 요리 중 하나입니다만, 이 요리는 쁠라또 우니꼬로 내기보다는 정찬 코스의 쁘리메르 쁠라또(첫 접시)로 냅니다. 스크램블 에그는 달걀을 풀어 직화, 혹은

---

* 20세기 중후반의 스페인 미식가이자 많은 요리책의 저자로, 마드리드 미식 아카데미La Academia de Gastrónomos de Madrid의 디렉터로 활약했다.

중탕하여 가열한 것이 기본형이며, 여기에 어떤 재료를 더하는가에 따라 다양하게 변주됩니다. 더하는 것 중에 스페인다운 재료라고 할 수 있는 것은 마늘종ajo tierno, 야생 아스파라거스espárrago triguero, 피망pimiento, 각종 버섯seta 등의 채소와 하몬, 새우, 바깔라오 등입니다. 호세 까를로스 까뻴José Carlos Capel*은 달걀에 관한 최근의 저서에서 레부엘또스에 "과일 향이 강한 화이트와인이나 드라이 셰리주의 일종인 만사니야manzanilla를 곁들이고 싶다."라고 썼습니다. 서민적인 식당과 가정뿐 아니라 수준 높은 레스토랑에서도 종종 첫 번째 접시에 레부엘또스를 내는 메뉴 구성을 보이는데, 이 요리가 두 번째 접시의 미각을 해치지 않는 데다가 와인과의 조화를 존중하는 요리로서 재인식되고 있기 때문입니다.

마지막으로 스페인에서 가장 유명한 달걀 요리이며 보통 스페니시 오믈렛으로 불리는 '또르띠야tortilla' 혹은 '또르띠야 에 스빠뇰라tortilla española'에 관해 이야기해야 할 것 같군요. 프라이팬 형태 그대로 동그랗게 굽는 것이 가장 큰 특징인 이 오믈렛은 로마 시대부터 이미 있었던 듯합니다. 스페인에서는 이 동그란 또르띠야와 구별하기 위해서 '또르띠야 알 라 프란세

---

* 스페인한림원의 미식 부문 회원.《엘 빠이스El País》지의 요리비평가이며, 문학작품에 등장하는 요리를 다룬 책을 비롯하여 다수의 저서가 있다.

사'tortilla a la francesa'(프랑스풍 오믈렛)로 불리는, 양 끝이 뾰족하게 유선형으로 구운 오믈렛이 함께 존재해왔습니다. 또르띠야의 기본형은 '또르띠야 데 빠따따tortilla de patata', 즉 감자 오믈렛입니다. 올리브유를 충분히 두르고 얇게 썬 감자를 익힌 다음 거기에 달걀을 넣어 오믈렛을 굽는 매우 단순한 요리입니다. 거기에 약간의 양파를 넣거나 피망을 넣는 등 취향 차이는 있지만 원형은 어디까지나 감자만을 쓰는 것입니다. 그 이외의 또르띠야로 유명한 것은 감자에 더해 토마토, 강낭콩 등 여러 종류의 채소를 넣은 시골풍 오믈렛인 '또르띠야 빠이사나tortilla paisana', 바스크의 시드레리아sidreria*에서 빠지지 않는 말린 대구를 넣은 '또르띠야 데 바깔라오tortilla de bacalao', 그라나다의 명물인 고기와 내장을 넣은 '또르띠야 델 사끄로몬떼tortilla del Sacromonte' 등이 있습니다.

그러나 최근까지도 또르띠야는 스페인의 요리체계에서 그렇게 좋은 대우를 받았다고는 할 수 없습니다. 또르띠야의 장점 중 하나는 따뜻한 요리로서뿐만 아니라 차갑게도 먹을 수

---

* 아스뚜리아스와 바스크 등 사과가 많이 나는 스페인 북부 지역의 특산물인 시드라sidra(사과주)를 주로 제공하는 술집이다. 시드레리아에서는 웨이터들이 팔을 높이 들어 시드라를 따라 주는 풍경을 흔히 볼 수 있다. 물론 다른 주류도 제공하며 사과주에 어울리는 그 지역의 안주도 제공한다.

있다는 점인데, 그 점이 반대로 바르bar(선술집)에 항상 준비되어 있는 따빠스tapas*로, 또 도시락으로 가볍게 먹을 수 있다는 점에서 너무나도 일상적인 음식이라는 이미지가 만들어졌기 때문입니다. 하지만 너무 흔하다는 것은 뒤집어 말해 식생활에 없어서는 안 된다는 의미이기도 합니다. 무로는 자신의 요리사전에 "이 고전적인 요리의 가장 큰 장점은 우리가 어린 시절부터 수없이 많은 또르띠야를 먹어왔기 때문에 항상 소년 시절의 추억과 연결되어 있다는 점이다."라고 썼습니다. 최근 유명 탄산음료 회사의 조사 결과에 따르면 '스페인 사람들이 좋아하는 요리 1위는 또르띠야'라고 합니다. 게다가 그 설문조사에서는 가장 맛있는 또르띠야는 '어머니나 배우자'가 만들어준 또르띠야라고 합니다. 최근의 창작요리 중에는 전혀 다른 요리처럼 변신한 새로운 또르띠야도 발표되고 있고, 현재 스페인에서는 달걀 요리를 다룬 책이 인기가 있어 계속해서 출판되고 있습니다.

---

* 따빠스는 '덮개'를 뜻하는 말인데, 처음에는 술과 함께 작은 안주를 덮개처럼 술잔에 덮었던 것으로 추정되며 이윽고 이 말은 안주를 뜻하게 되었다. 점심을 풍성하게 먹는 스페인에서는 술과 함께 간단한 따빠스로 저녁을 대신하는 경우도 많고, 친구들과 저녁식사 모임을 하더라도 우선 바에 서서 술 한 잔과 간단한 따빠스로 그 자리를 시작하기도 한다. 바스크 지역에서는 따빠스라는 말보다 '삔초pintxo'라는 말을 많이 쓰는데, '찌르다'라는 의미의 삔초는 꼬치에 꽂은 안주를 빵 위에 올려서 내기 때문에 붙은 이름으로 보인다.

그럼에도, 많은 스페인 사람들의 목소리에 따른다면 또르띠야를 한층 세련되게 만들거나 변화시킬 필요는 없어 보입니다. 원래 가정요리를 기반으로 발전해온 달걀 요리가 스페인 요리에서 가장 기본적이면서도 보편적인 요리로 계속 남아 있어도 괜찮지 않을까요.

뻬스까도

pescado: 생선

1. 생선을 먹어온 역사

스페인은 유럽에서도 어패류를 가장 많이 소비하고, 생선
으로 단백질을 섭취하는 나라입니다. 이베리아 반도의 지리적
조건을 생각한다면 그것도 당연합니다. 비스까야만에서 대서

양으로 이어지는 북부, 포르투갈을 끼고 아프리카에 걸쳐 있는 남부의 대서양 연안, 지중해를 따라 펼쳐진 동부, 이렇게 스페인 국토의 세 면이 바다에 면해 있고 해안선을 따라 항구가 이어져 있습니다. 어선 보유 수를 보면 약 3분의 1을 대서양에 면해 있는 갈리시아 지역이, 또 3분의 1을 지중해 연안이 점하고 있고, 나머지를 북부 깐따브리아, 남부 대서양, 까나리아 제도Islas Canarias가 나누어 가지고 있습니다. 이 중 원양어업을 위해 조업하고 있는 것은 갈리시아와 안달루시아의 일부뿐, 나머지는 근해와 중거리 조업 그리고 남부의 참치 조업이 대부분입니다. 이 숫자를 보더라도 스페인이 근해에 충분히 풍요로운 어장을 가지고 있음을 알 수 있습니다.

뻬스까도pescado는 생선 전반을 가리키는 말로, 이를 흰살생선pescado blanco과 등푸른생선pescado azul으로 나눌 수 있습니다. 우선 역사 속에서 이 두 종류의 생선 수요를 봅시다.

스페인 사람들과 생선 사이의 밀접한 관계는 로마제국 시대부터 시작합니다. 스페인은 로마의 영토 내에서도 특히 풍부한 어패류를 생산하는 땅으로, 그중에서도 특히 가룸garum이라는 로마의 독자적인 조미료의 생산지로서 중요하게 여겨졌습니다. 가룸은 등푸른생선을 주재료로 만드는 일종의 어간

장인데, 좋은 어간장 대부분은 현재의 까르따헤나, 까디스 등 스페인의 항구에서 만들어졌다고 합니다. 가룸을 만드는 법에 대해서는 몇몇 설이 있습니다만, 항아리에 아니스, 박하, 바질 등의 허브를 깔고, 토막 낸 정어리sardina, 연어salmón, 멸치boquerón, 청어arenque 같은 등푸른생선을 깐 위에 소금을 덮어 누름돌로 눌러 일주일 정도 두고 발효시킨 후 거기서 나온 액체를 모아서 만들었던 것으로 추정됩니다. 가룸과 비슷한 소스로 참치 내장과 피로 만든 것, 바지락, 새우, 연어 내장으로 만든 것도 기록되어 있습니다. 너무나도 비쌌기 때문인지 아니면 단순히 스페인 사람들의 취향에는 맞지 않았기 때문인지, 로마제국이 이베리아 반도에 대한 영향력을 잃어가면서 가룸은 사라졌지만, 가룸에 대한 기호의 일부는 '안초아anchoa'(안초비, 소금에 절인 정어리) 같은 형태로 스페인 땅에 깊이 뿌리를 내리게 되었습니다.

15세기 말 까스띠야 왕가에서 식재료를 사들인 리스트를 보면, 생선 구매에 의외일 정도로 큰 금액을 지출하고 있습니다. 혀가자미lenguado를 필두로 붕장어congrio, 장어lamprea에 이르기까지 각종 생선이 궁정의 식탁에 올랐던 것을 알 수 있습니다. 그런데 다양한 생선을 사용했다고는 하지만 거의 흰살생선이었고, 등푸른생선은 말리거나 훈제한 것만이 눈에 띌니다. 또 공을 많이 들인 조리법이 열거되어 있기는 하지만 생선 자체의 개성을 살린다는 면에서는 그다지 주목할 만한 것이 없습니다. 어떤 의미에서는 까스띠야 궁정에서 생선 요리는 장식적인 사치품으로 취급되었던 것이 아닐까요? 광대한 내륙을 지배했으며 바다에서는 멀리 떨어져 있었던 까스띠야 왕국에서 실제로 사람들이 좋아하고 많이 먹었던 것은 고기 요리였음을 까스띠야 궁정의 메뉴에서 읽어낼 수 있습니다.

그에 반해, 같은 시기 아라곤 왕국에서는 흰살생선도 등푸른생선도 모두 빠짐없이 갖춰져 있던 모양입니다. 지중해 연안을 제패한 아라곤 왕을 모셨던 놀라의 책에는 현재 스페인에서 쓰이는 거의 대부분의 어패류가 이미 갖춰져 있습니다. 예를 들어, 놀라의 책에는 붕장어, 도미의 일종인 덴똔denton, 숭어mújol 등의 흰살생선뿐 아니라 청새치emperador, 참치tonina를 비롯한 등푸른생선, 송어trucha 등 민물생선의 레시피도 많이 나와 있습니다. 이 중에서 참치 눈알만 까수엘라에 넣어 끓이거나 혹은 머리와 꼬리를 끓여서 내장으로 만든 소스를 곁들이는 등 현재는 생각하지 못할 정도로 다양한 요리가 소개되어 있습니다. 또 철갑상어esturión같이 오늘날에도 먹기 어려운 생선에 대해서도 어지간한 조리법이 기술되어 있습니다. 아라곤 지배하에 있던 나폴리 왕의 궁전에서 수년간 일했던 놀라에게 이들 생선요리는 중요했고 그의 요리의 핵심을 이루고 있었다는 점에서도 내륙 지역과의 차이가 드러납니다.

이들 생선 조리법 중에 가장 빈번하게 사용된 것은 '엠빠나다empanada'입니다. 이는 파이 반죽이나 빵 반죽에 속을 채워서 오븐에서 구운 일종의 파이를 말합니다. 지금은 엠빠나다가 갈리시아 요리로 알려져 있지만, 15세기 전후의 자료를 보면 까스띠야, 까딸루냐 등 거의 스페인 전역에 보급되어 있었던 것 같습니다. 육류를 속으로 채운 엠빠나다와 어패류를 채운 엠빠나다 모두 15세기 무렵부터 만들어졌는데, 갈리시아에서 이어져 내려온 레시피는 기본적으로 놀라의 시대에서 거의 변하지 않았습니다. 유일한 차이점이라고 할 수 있는 것은, 당시의 레시피에는 현재와 같은 빵 반죽이 주류가 아니었고, 오히려 라드를 사용한 파이 반죽이 일반적이었다는 점입니다. 엠빠나다의 속 재료로 등푸른생선이 특히 선호되었던 이유는 기름기가 많은 생선을 사용하여 그 기름으로 파이를 안팎에서 구워내려고 했기 때문이라고 짐작됩니다. 따라서 과자를 만들 때의 반죽과 비교하면 유지의 양은 적은 편이었을 겁니다.

시대가 지나 19세기 이후의 기호를 알아보기 위해서 당시의 요리사였던 앙헬 무로의 책을 참조해보죠. 그가 좋아했던 생선은 메를루사, 바깔라오, 혀가자미 등 흰살생선뿐입니다. 무로는 대구의 일종인 메를루사merluza를 "스페인을 대표하는 생선, 가장 많이 소비되며, 항구에서 먼 땅에서도 최상의 상태로 먹을 수 있는 생선"이라고 절찬했습니다. 메를루사라는 이름이 실제로 스페인 각지에 알려지게 된 것은 딱 무로가 책을 썼던 19세기 무렵부터입니다. 메를루사는 바스크를 중심으로 비스까야만 연안에서 이전부터 높은 평가를 받았지만, 수송 문제가 해결될 때까지 이 흰살생선의 존재는 스페인 다른 지역에서는 그다지 알려지지 않았습니다. 게다가 무로와 같은 전문 요리사가 칭찬했다고 해서 서민에게도 친근했다고 할 수는 없는데, 내륙에 사는 서민에게 당연히 메를루사를 비롯한 흰살생선은 손도 닿지 않는 고급품이었을 것이 분명하기 때문입니다.

한편 혀가자미에 대해 무로는 "소화가 잘되므로 환자를 위한 식사로 적합하다."라고 썼습니다. 이 생선은 맛보다는 오히려 담백함 때문에 사랑받았던 모양입니다. 따라서 조리할 때 스페인 요리다운 면모는 보이지 않습니다. 따로 농후한 맛의 소스를 만들어 생선에 끼얹는 조리법이 없는 스페인에서는 오히려 혀가자미의 담백함이 다양한 맛을 내는 데 방해가 되었습니다. 무로가 혀가자미를 특별히 좋아한 이면에는 그의 시대, 프랑스 요리에 경도되기 시작했던 스페인 고급 요리계의 모습을 엿볼 수 있다는 점도 놓칠 수 없습니다.

무로의 시대에 생선 요리 중에 큰 비중을 차지하게 된 바깔라오bacalao란, 생대구가 아니라 '바깔라오 세꼬bacalao seco' 즉 말린 대구 혹은 소금에 절인 대구를 말합니다. 이 무렵 스페인에는 이미 전통적으로 생선을 소금에 절여서 말린 염장식품인 '살라손salazón'이 존재했습니다. 한니발이 이베리아 반도 남부를 거점으로 로마 정복을 시도했을 때 이미 살라손은 그 군대의 식량이었다고 합니다. 현재도 무르시아부터 안달루시아에 걸친 지중해 연안에는 소규모 수공업으로서 살라손 생산업이 남아 있습니다. 살라손의 주된 재료는 참다랑어atún, 정어리, 가다랑어bonito, 고등어caballa, 숭어 등입니다. 대표적인 살라손으로는 다랑어 살을 소금에 절인 후 햇볕에 말린 모하마mojama, 대구 알이나 숭어 알을 소금에 절인 우에바스huevas 등이 있습니다. 이들 살라손은 보존식품으로서 역사상 가장 오래된 것 중 하나라고 할 수 있지만, 중세 이후 확대되지 않고 지역 규모에서만 이어져 내려왔습니다.

원래 스페인에서 대구잡이가 활발해진 것은 12세기 무렵부터 시작된 고래잡이가 계기였습니다. 당시 바스크 앞바다에서는 고래잡이가 활발했는데 바스크의 어부들도 고래잡이에 뛰

어들었던 것이죠. 하지만 그 후 비스까야만에서는 고래가 잡히지 않게 되었고 어장이 점차 스코틀랜드, 노르웨이 쪽으로 멀어졌기 때문에 스페인의 어부들은 고래잡이를 단념하기에 이릅니다. 그러나 장기간에 걸친 고래잡이 기간 동안 선원들은 대구를 잡아 배 위에서 염장한 바깔라오 세꼬를 식량으로 삼았는데, 이것이 이윽고 스페인 어선의 귀중한 수입원이 되었습니다. 현재도 바스크의 어선들은 대구잡이를 위해 캐나다의 테라노바 해협을 비롯해 먼바다까지 나갑니다. 그리고 최고 품질의 바깔라오는 배 위에서 염장한 것이라고 합니다. 바깔라오는 17세기 이후 스페인의 식생활에 널리 정착했습니다. 바깔라오 세꼬는 바스크의 항구에서 스페인 각지로 운반되어 내륙에서 먹을 수 있는 귀중한 생선으로 애용되었습니다. 그렇기 때문에 대구만큼은 그 시대부터 지금까지 염장한 것이 생물보다 훨씬 사랑받았다는 스페인 요리의 특색은 변하지 않았습니다.

이렇게 신선함이 요구되는 흰살생선은 산악 지형이 많은 이 나라에서는 고가의 식재료로 취급받았고, 단가가 싼 등푸른 생선은 일부 가공식품을 제외하고는 중앙부에 도달할 일도 없이 항구에서 소비되었습니다. 그렇게 스페인의 생선 소비체계가 만들어졌습니다. 다시 말하면, 생선에 있어서만큼은 중세 까스띠야 왕국의 기호와 내륙형 식문화의 전통이 그대로 현대의 식탁까지 이어져 내려온 것이죠.

2. 각지의 생선 요리

황금세기의 스페인 요리는 그 광대한 영토에서 많은 영향을 받았습니다. 지중해 연안 지역의 다양한 생선 요리의 계보도 이탈리아 중심의 식문화권에서 영향을 받았다고 할 수 있겠죠. 그러나 16세기 초 놀라의 책에서 찾아볼 수 있었던 등푸른생선 요리 같은 독자적인 지중해 요리는 결국 전국적으로 확대되는 일 없이 끝나버렸습니다. 이를 대신하여 18세기 이후 스페인 요리에 내셔널리즘이 대두되면서 근대 요리사들이 새로운 생선 요리의 계보를 만들기 시작했습니다.

스페인 요리가 극적으로 발전을 이룬 최근 10여 년을 제외하면, 얼마 전까지 바스크 출신들이 스페인 요리계에서 지도적인 지위를 점했다는 것은 결코 우연이 아닙니다. 바스크가 미식 분야에서 오랫동안 풍요로운 역사를 가진 지역이었을 뿐 아니라, 스페인 요리에서 생선 요리가 중요했기 때문입니다. 바스크는 비스까야만에 면해 있어서 항상 어패류를 기본으로 그 지역만의 요리 특색을 형성해왔습니다. 지중해 쪽의 생선 요리를 대표하는 까딸루냐 요리와 나란히 바스크 요리는 스페인 요리체계의 기본을 이룬다고 해도 과언이 아닙니다. 이 두 지역과 함께 풍요로운 어장을 가져 어패류의 보고로 불리는 갈리시아까지, 여기서는 대서양, 깐따브리아해, 지중해라는 세 해역의 생선 요리 분포를 살펴보려고 합니다.

중세에는 그렇게도 개성적이었던 등푸른생선 요리가 현대 스페인에서는 경시되는 경향이 있다는 사실은 부정할 수 없습니다. 총 어획량의 40% 전후를 등푸른생선이 점하고 있음에도 흰살생선에 대한 소비자의 선호는 더욱더 강해져서 수입에 의존하기까지 이르렀습니다. 그 배경에는 '등푸른생선은 지방이 많다', '흰살생선이 고급이다'라는 뿌리 깊은 편견이 있습니다. 그뿐 아니라 원래 신선한 등푸른생선이 내륙까지 운송되기 시작한 것은 바로 최근의 일이라, 내륙 지역 사람들에게는 등푸른생선이 익숙한 식재료가 아니기 때문입니다. 정부가 "등푸른생선을 먹자!"는 캠페인을 벌이고 있지만 그 효과는 아직 실감할 수 없습니다.

메를루사는 근대 이후 항상 스페인에서 가장 사랑받는 생선이며, 고가이기는 하지만 어느 내륙 지역에서나 좋은 상태로 손에 넣을 수 있습니다. 일본에서는 낮게 평가되는 이 생선이 스페인에서 이렇게까지 선호되는 큰 원인은 근해에서 신선한 상태로 입하되기 때문에 풍미, 질감 모두 훌륭하기 때문이겠죠. 메를루사 요리로 가장 유명한 것은 바스크의 '메를루사 엔 살사 베르데merluza en salsa verde'입니다. 18세기에 완성되었다는 이 요리 외에도 바스크 지역에는 메를루사를 사용한 훌륭한 요리가 많습니다. 이들 요리는 까수엘라 데 바로cazuela de barro(뚝배기)를 사용하여 생선 자체에서 나오는 엑기스를 소스로 마무리한 것이 특징입니다. 메를루사의 아래턱 부분은 꼬꼬차cococha라고 불리는데, 특히 풍미가 좋은 부위로 사랑받고 있습니다. 갈리시아에서는 메를루사를 특산물인 감자와 함께 조리하고, 아스뚜리아스에서는 특산물인 시드라(사과주)를 넣습니다. 또 비스까야만에서 대서양에 이르는 지역이 메를루사 요리의 중심지이지만, 모로코 및 아프리카 북동해안에서 잡히는 메를루사를 사용한 말라가풍 메를루사 요리도 유명합니다.

이어서 인기 있는 것은 농어lubina, 흑돔dorada, 참돔besugo 등 흰살생선입니다. 참돔이 주로 잡히는 것은 북부 비스까야만입니다만, 수도 마드리드에서 크리스마스이브에 '참돔 오븐구이besugo al horno'를 먹는 습관이 오랫동안 정착되어 있었기 때문에 내륙 지역에서도 익숙한 생선입니다. "참돔이 노새를 죽인다."라는 오래된 격언이 있는데, 비스까야만에서 내륙으로 도미를 신선하게 옮기는 것이 얼마나 큰일이었는지를 말해줍니다. 마드리드에서는 참돔이 크리스마스 메뉴이기도 하고, 북부에서 운송되어 오는 탓에 지금도 고급 생선의 상징입니다. 참돔은 마드리드뿐 아니라 많은 곳에서 오븐 혹은 철판에서 굽는 것이 기본입니다. 보통 담백한 풍미를 살려서 단순하게 맛을 내는데, 지역에 따라서는 마늘이나 고추 등으로 악센트를 줍니다.

흑돔은 비스까야만뿐 아니라 지중해에서도 좋은 것이 잡힙니다. 기본적으로는 참돔과 조리법이 비슷하지만, 흑돔의 특징을 잘 살린 요리는 '흑돔 소금구이dorada a la sal'입니다. 이 요리는 손질한 생선에 두껍게 암염을 올려서 덮어 오븐에서 굽는 요리로, 무르시아의 해안 지역 및 안달루시아 동부의 요리입니다. 이 요리의 뿌리는 생선을 진흙으로 덮어 장작불로부터 차단하여 조리한 카르타고, 혹은 그리스의 조리법에 있다고 할 수 있습니다. 재료의 신선함이 가장 중요하다는 점에서 최근 높이 평가받고 있으며 신선한 생선을 자랑거리로 내세우는 레스토랑의 간판 요리가 되고 있습니다.

이들 흰살생선과는 별도로 스페인 생선 요리의 체계 속에서 따로 한 장을 할애할 만큼 비중이 큰 생선은 바깔라오입니다. 바깔라오는 내륙에서 쉽게 손에 넣을 수 있기 때문에 예부터 중요하게 여겨졌고, 19세기 후반에는 나라의 전매품으로 지정된 시기도 있었습니다. 현재도 식재료로서 항상 큰 가치를 가지고 있어서 북유럽에서 대구를 수입할 정도로 수요가 많습니다. 먼저, 염장품으로서 바깔라오의 주요 생산지이자 대구 어선의 입항지이기도 한 바스크에서 독자적인 바깔라오 요리들을 찾아볼 수 있습니다. '바깔라오 알 삘삘bacalao al pil pil'*, '바깔라오 알 라 비스까이나bacalao a la vizcaína'**, '바깔라오 끌루브 라네로bacalao club ranero'*** 등이 모두 까수엘라와 바깔라오가 만나서 태어난 훌륭한 요리입니다. 한편 까스띠야 라 만차 등 내륙 지역에서도 바깔라오 요리를 많이 볼 수 있습니다. 내륙 지역의 서민에게는 바깔라오라는 생선의 역할이 중요했

---

* 바스크에서 유래한 전통적인 스페인 요리이며, 바깔라오와 작고 매운 고추, 마늘, 올리브유, 이 네 가지 재료로 만든다. 이 요리는 반드시 유약을 바르지 않은 뚝배기인 까수엘라 데 바로로 만드는데, 삘삘이라는 이름은 까수엘라에 바깔라오를 지질 때 나는 소리에서 유래했다고 한다.

** 바스크 요리 중에서 가장 전통적인 것으로, 살사 비스까이나salsa vizcaína로 불리는 소스를 사용하여 조리한다. 살사 비스까이나는 바스크 요리에서 다양하게 사용되는 소스로, 빨간 고추의 과육과 양파를 올리브유에 볶고 밀가루와 육수를 더한 후 졸여서 거르고, 건더기는 따로 절구에 빻아서 걸러낸 것과 합쳐서 만들며, 주로 생선을 준비하는 과정에서 일반적으로 사용된다.

*** 삘삘 소스와 빨간 고추를 넣은 소프리또가 만나 만들어진 것으로, 빌바오 중심가에서 태어난 요리다.

기 때문입니다. 예를 들어 '마늘이 들어간 마부들의 바깔라오 요리'라는 이름인 '바깔라오 알 아호아리에로bacalao al ajoarriero'는 그 이름대로 내륙의 광대한 메세타meseta*에서 태어난 요리인데, 바깔라오와 마늘, 올리브유를 골고루 섞은 소박한 요리입니다. 가장 심플한 라 만차의 요리에서 점차 세련된 맛으로 발전하면서 북상해 나바라에 이르는 이 요리를 통해 바깔라오 요리가 변화되는 모습을 거슬러 올라갈 수 있습니다. 그 외에도 튀김옷에 꿀을 넣는 까딸루냐풍, 아몬드 소스를 곁들이는 안달루시아풍 등 각 지역의 특색을 살린 바깔라오 요리는 너무 많아서 일일이 셀 수 없을 정도입니다. 한편 갈리시아는 바깔라오를 많이 먹는 포르투갈에 인접한 지역이면서도 그다지 바깔라오를 쓰지 않는데, 이는 신선한 어패류가 너무나도 풍부하기 때문이겠죠.

내륙 지역에서는 민물고기의 존재도 무시할 수 없습니다. 대표적인 것은 송어인데 나바라, 구 까스띠야 등에 여러 요리가 있습니다. 계곡에 사는 민물고기는 비교적 민물고기 특유의 냄새가 없기 때문에 그 담백한 맛이 사랑받아왔고, 그중에서도 에브로강 상류의 송어는 품질이 좋은 것으로 유명합니다.

---

* 해발고도가 높고 광활한 스페인 중부의 고원대지.

나바라에서는 하몬을 끼워서 조리하고, 레온에서는 돼지고기, 마늘, 피망 등과 함께 조리합니다. 스페인에서 예부터 내려오는 (소금과 식초로 만든 소스를 끼얹는) 에스까베체 방식으로 조리한 송어도 내륙 전역에서 일반적인 요리입니다.

내륙에서 등푸른생선 대부분은 가공식품의 형태로 소비됩니다. 캔이나 그 외의 등푸른생선 가공산업은 갈리시아를 중심으로 바스크, 안달루시아, 까나리아 등에서 이루어지고 있습니다. 등푸른생선 가공품의 재료로는 정어리가 가장 많이 쓰이고, 참치, 가다랑어, 멸치 등이 뒤를 잇습니다. 정어리의 대부분은 기름에 절여지고, 멸치는 소금과 식초에서 숙성되어 안초비로 만들어지거나 혹은 생으로 식초에 절인 '보께로네스 엔 비나그레boquerones en vinagre'의 형태로 전국 시장에 나옵니다. 참치의 경우 일본 시장의 열광적인 참치 확보 전쟁이 스페인 시장을 움직이고 있어서, 지금은 저렴한 참치 캔뿐 아니라 또 다른 참치 활용법이 주목받고 있습니다. 뱃살ventresca 부위만 좋은 올리브유에 절인 캔이 발매되는 등 스페인 사람들의 참치에 대한 시선이 바뀌고 있다고 할 수 있겠죠. 하지만 이들 가공품을 제외하면 등푸른생선 요리는 연안 지역의 전통요리로만 등장합니다. 그런 의미에서 최근 젊은 요리사들의 창작요리에 새로운 영감의 원천으로 정어리를 비롯한 등푸른생선이 자주 등장하는 것은 기뻐할 일입니다. 그러한 흐름이 스페인 사람들에게 예부터 존재해온 지중해의 등푸른생선 요리에 눈을 뜨게 해주고, 등푸른생선을 외면해온 소비체계를 타파할 계기가 될지도 모릅니다.

또 금육일 식사로서 바깔라오의 역할도 빠뜨릴 수 없습니다. 오랫동안 가톨릭의 힘이 강한 이 나라에서 바깔라오는 금육일 요리를 위한 식재료로서도 보급되었습니다. 지금도 각지의 수도원에서 뽀따헤, 튀김옷을 입혀 튀기는 부뉴엘로스buñuelos, 또르띠야 등 여러 형태로 금육일을 위한 바깔라오 요리가 전해지고 있습니다.

제
11
장

마리스꼬

marisco: 해산물

마리스꼬marisco는 넓게는 해산물 전반을 가리키지만 보통은 갑각류와 조개류를 의미합니다. 즉 '어패류'를 정확히 번역한다면 뻬스까도와 마리스꼬를 모두 가리키게 되겠죠.

스페인에는 오래전부터 마리스꼬 요리가 있었습니다. 16세기 초 놀라의 책에는 이미 오징어calamar, 뼈오징어jibia, 문어

pulpo, 가리비vieira, 굴ostia 등이 등장합니다. 하지만 조리법은 매우 한정되어 있었습니다. 예를 들어 오징어 요리는 뽀따헤만을 소개하고 있는데, 아몬드, 말린 포도, 잣 등을 사용해 맛을 내는 놀라만의 레시피입니다. 하지만 이 무렵부터 갑오징어를 다른 오징어와 구별해서 부르고 있는 점은 흥미롭습니다. 현재도 스페인에서는 갑오징어sepia 이외의 오징어를 깔라마르calamar로 통칭하기 때문입니다. 그에 비해 문어를 취급하는 방법은 훨씬 다양합니다. "잘 두드려서 부드러워지면 데친다."라는 기본적인 처리 방법은 현재도 바뀌지 않았습니다. 데친 문어를 파슬리perejil 소스에 곁들이거나, 철판에서 구워 마늘과 올리브유로 조미하는 것도 기본적으로는 현재와 같은 계열의 조리법입니다. 문어에 관해서는 조리법이 그다지 진보하지 않았다고 할 수 있겠죠. 가리비는 까수엘라에 기름을 두르고 열을 가해서 껍데기가 열리면 허브와 향신료를 더하는 방법으로 조리했는데, 이 역시 현재도 통용됩니다.

그러나 이 시기에는 오늘날의 스페인 사람들이 좋아한 조개 요리는 아직 등장하지 않았습니다. 오스티아ostia, 혹은 오스티온ostión은 일반적인 굴보다 알이 굵은 포르투갈계 굴을 가리킵니다. 현재도 마드리드 등 내륙에서 찾을 수 있는 것은 대개 이런 종류의 굴입니다. 대부분의 굴을 생으로 먹는 오늘날과는 대조적으로, 당시에는 기름에 튀긴 후 소스에 재워 '에스까베체'하거나, 후추 풍미를 더해 굽거나, 물과 기름으로 끓인 다음 양파 소프리또를 더하는 등 다양한 방법으로 조리했습니다. 놀라는 당시 시칠리아, 나폴리 등 지중해 연안에 넓은 영토를 가진 아라곤 왕을 모시는 요리사였습니다. 하지만 그 후 까스띠야 왕국의 힘이 강해지면서 스페인 궁정이 내륙의 중앙부로 이동함으로써 스페인 요리의 주류가 지중해 요리에서 멀어지게 됩니다. 따라서 몬띠뇨, 그라나도 등 까스띠야 왕국에서 종사하던 궁정요리사들의 메뉴에는 마리스꼬가 거의 등장하지 않습니다. 신선함이 생명인 마리스꼬를 운송하는 것이 이 시대에는 얼마나 힘들었을지를 생각해보면 당연하겠죠. 반대로 대식가로 알려져 있던 까를로스 1세가 은퇴 후에도 굴을 빼놓지 않고 식탁에 올리게 했다는 에피소드는 그가 얼마나 대단한 사치를 누렸는지를 말해줍니다.

19세기의 요리사 무로는 책의 한 챕터를 마리스꼬에 할애합니다. 그는 "원래 해산물은 그것이 잡히는 항구 근처에서 먹어야만 한다."고 미리 양해를 구한 후, 바지락almeja, 굴, 랍스터langosta, 바닷게cangrejo de mar, 가재cangrejo del río 등을 다루는 방법과 조리법을 서술하고 있습니다. 또 "바지락과 굴은 생으로 먹는 것이 소화에 가장 좋다."고 쓴 것으로 미루어 이 종류의 조개를 날것으로 먹는 습관은 이 시대에 어느 정도 정착되어 있었던 것으로 보입니다. 현재도 스페인에서는 굴 이외에도 바지락, 꼬막berberecho, 맛조개navaja 등을 생으로 먹는 지역이 여기저기 있습니다. 이것은 어부들의 습관이 자연스럽게 일반화된 것입니다.

대표적인 마리스꼬의 산지는 의심할 여지없이 갈리시아입니다. 종류의 풍부함, 어획량, 신선도에서 어떤 지역도 따라올 수 없습니다. 그중 가장 유명한 것은 굴입니다. 해안선이 구불구불한 갈리시아의 리아스식 해안, 특히 비고Vigo 주변에서는 유럽 최고 품질의 굴이 양식되어 프랑스에도 다량으로 수출됩니다. 가리비, 홍합mejillón 등이 그 뒤를 이어 많이 생산됩니다. 가리비는 산띠아고 데 꼼뽀스뗄라Santiago de Compostela*로 향하는 순례자들의 상징으로서도 유명합니다. 프랑스에서는 이 도시의 이름을 따서 가리비를 생자크saint-jacques**라

---

* 갈리시아 지역의 중심지이자 중세 기독교 3대 성지 중 하나. 전설에 따르면 예수의 12사도 중 한 명인 성 야고보가 예루살렘에서 순교한 후 그 유해가 갈리시아까지 옮겨져 매장되었다고 한다. 하지만 그 후 그곳이 어디인지는 잊혀졌다. 813년 한 양치기가 천사로부터 반짝이는 별빛이 내린 장소로 가보면 야고보의 무덤을 발견할 수 있다는 계시를 들었다. 지금 그곳에 산띠아고 데 꼼뽀스뗄라 대성당이 서 있다. 예수살렘에서 도착한 야고보의 관에는 가리비가 많이 붙어 있었는데, 그 때문에 가리비는 산띠아고 데 꼼뽀스뗄라로 향하는 순례자들의 상징이 되었다.
** 산띠아고 데 꼼뽀스뗄라의 수호성인 성 야고보는 언어에 따라 다르게 불리는데, 야곱, 티아고, 디아고, 이아고, 자크, 제임스, 제이컵은 모두 야고보의 다른 이름이다.

고 부릅니다. 갈리시아를 중심으로 비스까야만 연안 전역에서 좋은 가리비가 잡힙니다. 홍합은 특히 갈리시아에서 양식이 활발해서 대량으로 생산되며 마리스꼬 중에서 가장 저렴합니다. 하지만 자라는 곳이 때때로 지저분한 경우가 있어 스페인 요리사들은 껍데기째로 쓰는 것을 꺼리는 경향이 있습니다. 수프에 쓰는 홍합은 일반적으로 껍데기를 제거한 상태로 사용합니다. 바지락, 꼬막 등도 역시 갈리시아에서 비스까야만에 걸친 곳이 대표적인 산지이며, '어부들의 바지락almejas a la marinera' 같은 스페인에서 대중적인 요리도 깐따브리아 지역이 발상지입니다. 갈리시아에서 꼬막은 엠빠나다의 속재료로도 자주 사용됩니다.

문어의 최대 산지 역시 갈리시아이며 일본에도 수출할 정도로 많이 생산됩니다. '축제의 문어pulpo a feira'를 비롯해 소박한 갈리시아 요리에 문어는 빼놓을 수 없는 식재료입니다. 현재 문어 요리는 말라가를 비롯한 몇몇 지중해 연안의 요리를 제외하고는 대부분 '갈리시아풍a la gallega'이라는 이름이 붙어 있습니다. 이에 반해 깔라마르는 오히려 깐따브리아, 바스크가 중심지입니다. 특히 오징어먹물로 조리한 꼴뚜기 요리인 '치뻬로네스 엔 수 띤따chipirones en su tinta'는 꼴뚜기 계통의 작은 오징어chipirón를 사용한 대표적인 요리라고 할 수 있습니다. 이 요리는 오징어먹물의 풍미와 채소의 단맛을 살린 소스를 만들어 꼴뚜기를 통째로 넣고 살짝 조린 바스크 지역의 독특한 요리입니다. 한편 '로마풍 오징어 요리calamares a la romana'는 링 모양으로 썬 오징어에 레보사르rebozar라 불리는 튀김옷을 입혀 튀긴 것으로, 스페인 전국에서 가장 많이 사용되는 조리법입니다.

대하와 중하에 해당하는 랑고스따langosta, 랑고스띠노langostino의 경우, 크기에 따라 구분하고 또 지역에 따라 명칭이 확연히 바뀝니다. 마리스꼬 중에서 새우 종류만이 비스까야 연안뿐 아니라 지중해 연안에서도 좋은 것들이 생산됩니다. 특히 까딸루냐에서는 랍스터를 중심으로 풍부한 마리스꼬 요리가 있습니다. 예를 들어 '랑고스따 꼰 뽀요langosta con pollo'는 랍스터와 닭고기를 함께 조리하여 초콜릿 풍미의 소스를 끼얹는 까딸루냐의 독자적인 요리 중 하나입니다. 또한이 음식은 까딸루냐의 독특한 식문화라고 할 수 있는 어패류와 육류를 함께 조리하는 '마르 이 몬타냐mar y montaña'(바다와 산)의 대표적인 요리이기도 합니다. 새우 일반을 가리키는 감바gamba를 필두로, 이 역시 크기와 산지에 따라 몇 가지 명칭과 종류가 있습니다. 끼스끼야quisquilla, 까마론camarón 등을 예로 들 수 있습니다.

깡그레호cangrejo, 센또요centollo, 네꼬라nécora 등의 게 종류는 운송이 어렵기 때문에 연안 밖에서는 매우 비싸게 팔리며 시장에 나오는 양도 얼마 되지 않습니다. 이에 반해 가재는 마드리드를 비롯해 까스띠야 지역에서 자주 사용되는 식재료이지만 조리법은 단순한 것뿐입니다.

이렇게 살펴보면 대부분의 마리스꼬가 주로 생산되는 곳은 비스까야만 연안이며, 마리스꼬 요리의 뿌리가 갈리시아, 깐따브리아, 바스크 등 북부 지역임을 알 수 있습니다. 그럼에도 까딸루냐의 '사르수엘라 데 마리스꼬스zarzuela de mariscos', 발렌시아의 '빠에야 데 마리스꼬스paella de mariscos'와 같이 다양한 마리스꼬를 사용한 대표적인 요리가 지중해 쪽에서 태어난 것은 언뜻 보기에도 이상하게 느껴집니다.

바스크 지역은 비스까야만의 식재료를 사용하여 예부터 독자적인 요리체계를 탄생시켰습니다. 하지만 식재료가 풍부하고 질이 좋기 때문에 조리법은 단순합니다. "가능한 심플하게 재료 본연의 맛을 살린다."라는 스페인 요리의 기본자세가 바스크 요리에 그대로 구현되어 있는 것입니다. 그에 반해, 지중해 지역에서는 중세 이래로 바다를 건너 들어오는 여러 민족의 요리가 흘러들었고, 거기에 복잡한 기호와 식재료가 조합되어 새로운 요리체계가 구축되어왔습니다. 이런 배경을 생각한다면 지역에 따른 성향 차이를 이해할 수 있습니다.

현재 구축되고 있는 새로운 스페인 요리의 세계는 이와 같은 스페인 문화의 다양성을 바탕으로 바스크의 전통과 지중해의 전위적인 요소, 북부의 재료와 남부의 조리법 등 여러 가능성과의 만남을 모색해가면서 형성되고 있는 것입니다.

까르네

carne: 육류

1. 육식의 역사와 현상

지중해 문화권이라는 관점에서 스페인 요리를 어패류 중심
의 요리로 판단할 수 있지만, 원래 스페인 요리의 중심은 육류,
즉 까르네carne입니다. 수렵민족이며 목축민족이었던 전통은

삼면이 바다로 둘러싸여 있다는 지리적 조건보다 한층 그들 식생활의 기반이 되었다고 할 수 있습니다.

스페인 축산의 독자성은 종류별 생산량 비율에서 확연히 나타납니다. 세계 육류 생산량의 약 40%를 육우bovino가 점하고 있는 데 반해, 스페인의 육류 생산량 1위는 약 38%를 웃도는 돼지porcino입니다. 세계적으로는 육류 생산량의 8% 내외에 불과한 양·산양ovino이 스페인에서는 15% 가까이 되는데, 이는 전 세계 육류 생산량에서 가금류ave가 차지하는 비중에 가깝습니다. 같은 지중해 연안 나라들을 살펴보더라도 이탈리아 축산 생산량의 60% 이상, 프랑스 축산 생산량의 50% 이상을 쇠고기가 점하고 있는 것에 반해, 스페인에서는 쇠고기 생산이 26%밖에 되지 않습니다. 이런 현상은 가혹한 기후 조건과 험한 산악지대가 지배적인 스페인의 자연환경을 잘 말해줍니다. 목초가 잘 자라지 않아 소를 키우기가 어렵고, 산양 목축만이 간신히 가능했던 것이죠.

지역별로 살펴보면 이 상황을 한층 구체적으로 파악할 수 있습니다. 스페인 쇠고기 생산의 44%는 아스뚜리아스, 깐따브리아, 갈리시아, 바스크 등 북부 연안에 집중되어 있습니다. 모두 대서양의 내해에 해당하는 비스까야만에 면해 있는 곳이죠. 그

중에서도 아스뚜리아스와 깐따브리아는 소 생산의 중심지인데, 그 일대가 스페인에서는 드물게 비옥한 땅이라는 점, 낙농에 적합한 기후 조건을 충족시키는 얼마 되지 않는 지역이라는 점을 생각하면 당연합니다. 대조적으로, 강우량이 적은 스페인 중앙부는 소를 가장 적게 생산하는 대신 양·산양의 중심 생산지입니다. 신·구 까스띠야, 아라곤, 엑스뜨레마두라, 안달루시아는 스페인 양·산양 생산의 76%를 점하며, 특히 엑스뜨레마두라는 큰 면적을 목양에 할애하고 있습니다.

돼지 생산에서는 소나 양의 생산과 달리 눈에 띄는 지역 편중은 보이지 않고 전국적으로 고르게 분포되어 있습니다. 비교적 중심지 역할을 하는 지역은 갈리시아, 아스뚜리아스, 까딸루냐, 발레아레스 제도의 연안입니다. 뒤에서 하몬에 대해 이야기할 때 자세히 다루겠지만, 이베리꼬종 돼지는 엑스뜨레마두라와 안달루시아 서부에서 중요합니다. 그러나 생산량에 있어서는 오히려 낮은 비율을 차지하고 있습니다.

닭은 까딸루냐와 신·구 까스띠야가 전체 생산량의 절반 정도를 차지합니다. 그 이유는 대부분의 지역에서는 여러 축산을 병행하는 데 비해, 신 까스띠야와 까딸루냐에서는 닭을 전문으로 생산하는 업자가 많기 때문입니다.

생산 구조의 이런 특징은 스페인 요리체계에서 어떤 고기 요리가 많은지에도 확연하게 반영됩니다. 즉 쇠고기가 점차 소비량을 늘려가고 있지만, 요리로서는 그다지 큰 비율을 차지하고 있지 않습니다. 또한 양·산양 고기의 소비량은 최근 약간 감소 경향을 보이고 있지만, 고기 요리에서의 중요성은 전혀 줄지 않았습니다. 저렴하고 건강한 육류로서 닭고기의 수요는 늘고 있지만 그럼에도 돼지고기 소비 역시 안정되게 증가하고 있으며, 특히 돼지고기는 가공품의 형태로 많이 이용됩니다.

스페인의 식생활에서 오늘날의 고기 요리가 어떻게 성립되었는지, 그 근거를 찾으려면 역사를 아득히 거슬러 올라가야만 합니다. 그러려면 5세기부터 이베리아 반도 대부분을 지배하고 스페인의 기초를 만든 서고트 시대부터 살펴보아야 합니다. 서고트족의 식생활에서 가장 중요한 고기는 돼지였습니다. 그다음이 양과 소 등이었죠. 돼지와 가금류를 키우는 것은 그들에게 있어 지극히 기본적인 생활 형태였다고 생각됩니다. 돼지고기를 유난히 좋아해서 이 시기에 이미 하몬과 엠부띠도스embutidos*를 만들어 늘 준비해두는 스페인 식생활의 기초가 구축되었다고 할 수 있습니다.

---

* 다진 고기나 피 등을 돼지 창자에 채운 소시지나 순대 같은 음식의 총칭.

그 후 이슬람교도들이 바다를 건너와 알 안달루스Al-Ándalus 왕국을 세우면서 중세 전기의 이베리아 반도에는 이슬람교도와 유대교도, 기독교도가 혼재한 시대가 도래합니다. 그에 따라 육식의 분포도 역시 크게 바뀌게 됩니다. 이 시기에는 이슬람교도와 기독교도 사이에 지속적으로 전투가 있었지만 또한 공존하기도 했습니다. 세 가지 다른 종교를 믿는 서로 다른 민족의 사람들은 각자의 지역, 상인 등을 확보함으로써 자신들의 주의주장을 관철하려고 합니다. 즉 기독교 왕국 내 유대인 거주지구, 이슬람인 지배지구가 각자의 관습에 따라 고기를 취급하게 된 것입니다.

기독교 왕국 내에서는 그때까지의 흐름을 이어받아 지극히 이른 시기에 '까르니세리아carnicería'라는 직업이 확립되었습니다. 당시의 까르니세리아는 가축을 잡아 그 고기를 처리해 파는 오늘날의 식육처리업자인 '마따데로matadero'와 손님들에게 고기를 나누어 파는 정육점을 겸하는 형태였다고 생각됩니다. 11세기 레온 왕국의 법전과 13세기 초의 마드리드 법전에는 이미 고기 판매에 관한 구체적인 법규가 있었습니다. 이 점을 미루어볼 때 그들의 식생활에서 고기가 얼마나 중요한 역할을 했는지 상상할 수 있습니다. 당시의 까르니세리아는 기독교도가 필요로 하는 고기 일체, 즉 돼지고기를 비롯한 소,

양 모두를 취급했다는 것은 말할 나위 없습니다.

한편 유대교도들을 위해서는 그들의 종교에 기반한 특수한 도축업자가 필요했습니다. "동물의 피를 입에 대서는 안 된다." 등의 모든 규율을 지켜서 도축한 동물만을 먹을 수 있었기 때문입니다. 동시에 유대인을 위한 방법으로 도축한 고기를 기독교도가 판매하는 것을 법으로 금지한 지역이 많았기 때문에, 유대인들은 고기를 자급자족의 형태로 확보할 수밖에 없었습니다.

이슬람교도의 규율은 유대인의 규율과 닮았습니다. 이슬람교 역시 동물의 도축 방법, 종류 등을 자세히 규정하고 있었기 때문입니다. 야생 짐승, 물건을 옮기는 동물을 먹는 것은 금기시했기 때문에 그들이 먹을 수 있는 것은 소, 양, 산양 등이었으며 그중에서도 양이 중요했습니다. 이슬람교도는 돼지고기를 금기시했기 때문에 돼지를 도축하여 여러 보존식품을 확보하는 기독교도의 마딴사를 대신하여 양 혹은 산양을 도축해 할랄حلال* 식품을 만드는 관습이 있었습니다.

이런 상황을 일변시킨 것이 기독교도에 의한 레콩키스타입니다. 새로운 기독교 왕국은 옛 지배자였던 이슬람교도들과

---

* 이슬람에서 율법으로 허용된 것을 의미하는 말. 육류는 알라의 이름 아래 이슬람 율법을 지켜 도축해야 하며, 비늘이 없는 생선은 먹지 말아야 하는 등의 금기가 있다. 금기시된 것을 하람حرام이라고 한다.

부유한 경제력을 가진 유대인들을 추방하거나, 개종과 재산 몰수를 조건으로 이주를 허락하는 형태로 그 세력을 일소하려 했습니다. 공존의 시대가 끝나고 엄격한 불관용의 시대가 시작된 것입니다. 가톨릭으로 개종해 스페인에 남는 것을 선택한 이슬람교도와 유대교도들이 그것으로 안심할 수 있었던 것은 아닙니다. 그들은 항상 이단 심문의 공포에 떨며 살게 되었습니다. 이웃 사람마저 언제 이단재판소에 밀고할지 모르는 상황에서, 그들 개종자에게는 돼지고기를 먹는 것이 개종 증명으로 작용하여 살아남기 위한 중요한 타협점이 되었습니다. 이 시대 이후 스페인 요리는 당연히 기독교도의 취향에 기초를 두고 형성되었습니다. 거기에, 숨겨진 형태이기는 하지만 이슬람과 유대교의 영향이 더해져 스페인 요리에서 선호되는 고기 요리의 순서가 돼지고기에 뒤이어 양·산양, 쇠고기, 닭고기로 확립되었습니다.

2. 고기의 조리

스페인에서 가장 중요한 육류 조리법은 언제나 '아사도'였습니다. 따라서 아사도를 중심으로 고기에 가치가 부여되었습니다.

16세기 초 루뻬르또 데 놀라의 책에는 챕터 제목으로 '엘 뜨린찬떼el trinchante'라는 말이 나옵니다. '엘 뜨린찬떼'는 고기를 부위별로 나누는 일, 그것을 직업으로 하는 궁정의 급사를 가리키므로, 이 시대에 그런 전문직이 존재했음을 알 수 있습니다. 1장의 제목은 '식탁에서 고기를 나누는 법'인데, 이것을 보더라도 당시의 요리와 식탁에서 가장 중요한 것은 고기였으며, 더욱이 이 시대에는 구운 고기를 큰 덩어리로 식탁에 운반하여 즉석에서 나누는 형태였다는 것을 추측할 수 있습니다. 여기에는 젖을 떼기 전의 새끼돼지인 레촌lechón을 필두로 소 vaca, 토끼conejo, 양carnero 등 여러 종류의 구운 고기를 나누는 방법이 설명되어 있습니다. 아사도의 특성상 부드럽고 풍미가 있는 고기를 선호했음은 틀림없습니다. 새끼돼지, 어린양, 송아지 등 어리고 부드러운 고기, 그중에서도 레찰lechal이라고 불리는 젖을 떼기 전의 동물 고기를 높이 평가하는 스페인 요리의 관습이 이 시대에 이미 정착되어 있었습니다.

19세기 스페인을 여행하며 요리와 먹거리에 대한 기록을 남긴 알렉상드르 뒤마는 이렇게 썼습니다. "스페인에서는 어린양이 저렴해서 자주 아사도로 조리해서 먹는다. 산양도 마찬가지다. 아쉽게도 토끼나 메추라기 등 들짐승이 저렴하고 질이 좋음에도 조리 방법이 단순해서 대부분을 프라이팬에서 굽거나 약한 불에 찌고, 아사도로는 조리하지 않는다." 뒤마의 견문이 부분적이었다는 점을 감안하더라도, 확실히 스페인에서는 아사도라고 하면 어린양을 의미한다고 해도 지나치지 않습니다. 그 뒤를 어린산양cabrito, 새끼돼지cochinillo가 잇습니다. 스페인 사람들은 고기에 관한 한 언제나 훌륭한 질과 풍미를 추구합니다.

16세기 스페인은 황금세기라고 불리면서도 서민의 현실은 굶주림에 시달리던 중세 후기보다 더한 빈곤과 혼돈 속에 있었습니다. 당시 유행하던 "산토끼라고 말하면서 고양이 고기를 판다gato por liebre."라는 속담은 품질을 속여 아무렇지 않게 사기를 치는 당시의 정육점이나 선술집taberna의 장삿속을 상징적으로 야유한 것입니다. 고기 소비량은 이 시대에 크게 감소하여 시민전쟁(1936~1939) 후 1960년까지 오랫동안 그 상태에 머물렀습니다. 그 후 기적의 경제부흥을 거치며 현재 국민 1인당 고기 소비량은 연간 54킬로그램으로 증가했고, 식비지출의 26%를 차지할 정도로 큰 비중을 점하기에 이르렀습니다. 이에 반해 전통적인 스페인 요리에서 큰 부분을 차지했던 콩 등 식물성 단백질 섭취는 감소 경향을 보이며 이를 대신해 유제품 소비가 증가했습니다. 이런 소비 경향을 보더라도,

여전히 고기 요리에 있어서 문제는 경제적 요인이 아닌 것으로 보입니다. 오히려 조리법이 빈곤한 것이 문제죠.

오늘날에도 스페인에서는 고기 요리는 프라이팬에 굽거나 찌는, 뒤마 시대와 그다지 변함없이 한정된 조리법에 머물러 있습니다. 여기서 다시 '소스에 의존하지 않는' 스페인 요리의 특질에 눈을 돌리게 됩니다. 일찍이 스페인 고기 요리는 아사도와 오야라는 두 가지 조리법에 한정되어 있었습니다. 즉 통째로 굽거나 통째로 끓이거나. 이 두 가지 선택밖에 존재하지 않았던 것입니다. 그중 오야의 경우 육류보다 오히려 채소가 중심인 요리로 바뀌어버렸습니다. 그 결과 까수엘라처럼 미묘한 조미를 특징으로 하는 조리법이 등장했지만, 본질적인 의미에서 고기 조리법으로서는 아사도만이 유일하게 남았습니다.

19세기 무로의 책에서 쇠고기 챕터를 보면, 처음으로 소개하는 요리가 영국에서 전래된 비프스테이크에 해당하는 '비스떼끄bistec'라는 점에서도 스페인 본래의 고기 조리법이 얼마나 한정되어 있었는지를 상상해볼 수 있습니다. 오히려 독자적인 개성이 느껴지는 것은 위, 간, 신장 그리고 뇌 등 내장asaduras을 사용한 요리일지도 모릅니다. 내장 전문점casquería은 현재도 스페인의 많은 시장에서 정육점의 20~30%를 점하고 있으며, 저럼하고 영양가 높은 단백질원으로서 많은 사람에게 사랑받고 있습니다.

대표적인 내장 요리로 소의 위를 끓여낸 '까요스callos'를 살펴봅시다. 까요스는 깨끗하게 씻은 위를 데쳐서 주로 토마토로 맛을 내 끓인 요리로, 스페인 각지에서 다양하게 변주된 것을 볼 수 있습니다. 무르시아에서 안달루시아에 걸친 스페인 남부의 까요스는 특히 매운맛이 특징이고, 대체로 병아리콩이 들어갑니다. 이에 반해 마드리드풍 까요스는 토마토에 파와 마늘 등 채소의 단맛을 더해 완성하며, 엑스뜨레마두라에서는 토마토 없이 마늘과 양파, 어린양의 발 등을 넣어 감칠맛을 내서 완성합니다. 각 지역의 기후와 특산물을 바탕으로 스페인 전국에서 까요스 요리가 만들어지고 있다는 것을 알 수 있습니다.

돼지의 앞발manos, 뒷발patas, 어린양의 머리cabeza 등은 여러 요리에 맛을 내기 위한 재료로 사용됩니다. 특히 콩을 주재료로 끓이는 요리에는 이들 재료가 동물성 맛을 보충하는 데 사용됩니다. 거기에 젤라틴이 풍부한 돼지 귀oreja나 또시노(소금에 절인 돼지비계) 등을 더해 국물을 농후한 맛으로 완성시킵니다. 채소를 주재료로 한 뽀따헤, 깔도, 꼬시도, 에스꾸데야 등의 이름으로 불리는 국물 요리는 이처럼 내장을 바탕으로 성립됩니다.

쇠고기의 경우, 스페인에서는 다 자란 암소vaca가 낮게 평가되고, 기본적으로 쇠고기와 돼지고기 사이에 가치 차이를 두지 않습니다. 부드러운 고기를 선호하는 기호 덕에 안심solomillo 등의 일부 부위를 고급으로 여기며, 같은 이유에서 송아지 ternera도 고급으로 취급됩니다. 다만 양, 산양, 돼지의 경우에는 젖을 떼기 전의 고기를, 송아지의 경우에는 풀을 먹기 시작한 단계의 고기를 풍미가 좋다는 이유로 보다 높이 평가합니다.

사냥 요리인 까사caza는 수렵민족으로서 긴 전통을 가진 스페인에서는 꽤 일반적입니다. 사냥 시기가 엄하게 정해져 있기 때문에, 까사 동물은 가장 확연하게 계절감을 느낄 수 있는 식재료입니다. 그러나 널리 애호되고 여러 종류의 사냥 동물이 있는데도, 뒤마의 문장에서도 볼 수 있듯 조리법에 관해서는 예부터 지금까지 그다지 변화가 없습니다. 각 지역 고유의 까사 동물이 있으며 그것에 걸맞은 요리가 있지만, 선택의 폭은 한정되어 있습니다. 스페인에서 까사의 주류는 토끼와 들새 등을 사냥해 조리한 '까사 데 쁠루마caza de pluma'로, 멧돼지와 사슴 등 대형 동물을 사냥해 조리한 '까사 마요르caza mayor'는 비교적 한정된 지역에서만 정착되었습니다. 그러나 각 지역의 수렵보호동물이 풀리는 날의 목록을 보면 놀랄 정도로 다양한 종류의 까사가 존재하는 것을 알 수 있습니다. 그중에서도 대표적인 산토끼liebre, 자고새perdiz, 메추라기codorniz는 가을에서 겨울에 걸쳐서 시장에 등장하며, 약한 불로 찌거나 채소와 허브를 더해 끓이는 형태로 조리됩니다. 똘레도풍 자고새 요리, 사냥꾼의 산토끼 요리 등 모두 소박하게 끓인 음식입니다.

한편 까사 마요르에 해당하는 노루ciervo, 사슴venado은 호화로운 식재료로서 크리스마스 메뉴로 종종 등장하지만, 다루기가 어렵기 때문에 레스토랑 요리로 정착했습니다. 까사는 '그 동물이 좋아하는 과일을 곁들인다.'라는 전통이 지금도 지켜지고 있어서 조린 포도, 서양배, 사과 등을 각 동물 고기에 곁들이는 것도 까사 요리의 특색 중 하나입니다.

나폴레옹 시대에 엑스뜨레마두라 지역에 주둔하고 있던 나폴레옹 군대의 장군이 '알깐따라풍'이라고 불리는 메추라기나 꿩 요리를 프랑스로 전했다는 에피소드는 유명합니다. 현대 서양 요리를 주도하고 있는 스페인의 요리사 페란 아드리아Ferrán Adriá는 채소와 생선 중심의 메뉴를 선호하며 지극히 적은 고기 요리를 선보이는 가운데 그중에서도 메추라기, 산토끼 등 까사 고기는 즐겨 사용합니다. 이 사실은 한동안 소홀하게 대접받던 까사 요리가 전문 요리사의 주목을 받기 시작했다는 것을 말합니다. 어쩌면 제2의 알깐따라풍, 혹은 엘불리풍으로 발전할지도 모른다는 희망을 줍니다.

3. 돼지고기 가공식품

지금까지 스페인의 고기 요리가 식생활 속에서 항상 큰 비중을 차지해왔으면서도 조리법의 변화는 작았다는 점을 설명했습니다. 이제부터는 고기 요리 분야 중에서도 가장 스페인적인 하몬, 초리소 등 돼지고기 가공식품에 대해 쓰려고 합니다.

이들 돼지고기 가공식품은 옛날에는 거의 '마딴사'에 의해 만들어졌습니다. 마딴사는 돼지를 잡아 각종 보존식품으로 가공하는 작업을 가리키며, 동시에 작업이 이루어지는 시기를 뜻합니다. 마딴사는 가정 단위 혹은 마을 단위에서 계절 행사로 이루어졌고, 이후 공장에서의 대량 생산으로 모습을 바꾸면서도 계속해서 스페인의 식생활을 지탱해왔습니다. 스페인 속담 중에 "모든 돼지에게는 각각의 산 마르틴이 있다."라는 것이 있습니다. 이 속담은 '모든 사물에는 정해진 결말이 있다.'라는 의미인데, 11월 11일 성 마르틴의 날을 시작으로 마딴사가 이뤄지던 오랜 세월에 걸친 전통을 말해줍니다.

'하몬jamón'은 원래는 넓은 의미에서 햄 전반을 가리켰고, '영국식 햄jamón de York'도 여기에 포함됩니다. 그러나 실제로 스페인에서 하몬이라고 하면 보통 '하몬 세라노jamón serrano'

를 의미합니다. '세라노'라는 말이 '산지의, 산악지대의'라는 의미라는 점을 생각해보면, 하몬이 주로 산악지대에서 만들어졌다는 것을 알 수 있습니다. 오랫동안 하몬 생산지들은 대부분 해발 700미터에서 1,000미터 사이에 위치해 있어서 여름에는 비교적 부드러운 더위가 오지만, 겨울은 혹독하게 춥고 산에서는 마른 바람이 불어 내려오며 큰 일교차를 보입니다.

하몬 세라노는 돼지 뒷다리를 대퇴부에서 잘라내 우선 암염에 절이고, 소금을 씻어낸 다음 건조시켜 6개월에서 2년 이상 숙성 기간을 거쳐 완성됩니다. 앞다리를 사용해서 같은 방법으로 만든 것은 '빨레따paleta'라고 부릅니다. 숙성 기간이 길기 때문에 고기는 꽤 딱딱해지며 건조 정도와 숙성도의 밸런스를 조절하는 것은 고기 외부에 붙어 있는 지방층의 질과 두께 그리고 숙성하는 장소의 온도와 습도입니다. 최근 공장에서 생산되는 하몬은 과거의 데이터에 기초해 가장 좋은 숙성 환경을 인공적으로 설정하고 있습니다. 그렇더라도 여전히 명산지에서 자연 숙성된 것과 같은 수준에는 미치지 못합니다. 하몬 세라노 중에서도 특히 높이 평가받는 것은 '하몬 이베리꼬jamón ibérico'입니다. 이것은 '세르도 이베리꼬cerdo ibérico'(이베리꼬종 돼지)로 만든 하몬을 가리키며, 이베리꼬 돼지는 발굽을 중심으로 발끝이 까맣기 때문에 통칭 '빠따 네그라'(검은 발)라고도 불립니다.

　로마 시대와 서고트 왕국의 상징물에서, 그 후의 교회 조각에서도 이베리꼬 돼지가 빈번하게 등장하는 것으로 미루어볼 때, 이베리아 반도의 역사와 세르도 이베리꼬의 역사가 밀접하게 연관되어 있음을 알 수 있습니다. 유럽에 현존하는 돼지 중에서 가장 원시종에 가까운, 다시 말해 멧돼지에 가깝다는 이베리꼬 돼지는 보통의 흰 돼지에 비해 지방층이 두껍습니다. 따라서 긴 숙성 기간을 거치면 적당하게 건조되어 훌륭한 풍미를 얻을 수 있기 때문에 고급 하몬 재료로 사랑받아왔습니다. 또 이베리꼬 돼지의 지방은 흰 돼지의 지방보다 녹는점이 낮아서 숙성 기간 중 기온이 오르는 시기에 녹아 붉은 살 부위에 침투합니다. 그 결과 마블링을 가진 하몬으로 완성된다는 점도 이베리꼬 돼지로 만든 하몬을 한층 특별하게 합니다.

　이베리꼬 돼지가 주로 사육되는 지역은 스페인 서부부터 남부에 걸쳐 있어, 안달루시아 서부와 엑스뜨레마두라 전역이 중요한 생산지입니다. 동시에 이 지역은 광대한 떡갈나무 숲이 있는 지대이기도 합니다. 이 상록떡갈나무encina와 코르크떡갈나무alcornoque의 도토리bellota가 이베리꼬 돼지의 중요한 먹이입니다. 젖을 뗀 후 수개월 동안 떡갈나무 숲에 방목해 도토리를 먹이고 겨우내 살이 찌는 것을 기다려 도축하는 것이 이상적인 하몬 제조를 위한 사육 방법으로 여겨지며, 이렇게 만든 하몬은 '하몬 이베리꼬 데 베요타jamón ibérico de bellota'라고 불리는 최고급품이 됩니다. 오늘날 이 하몬 이베리꼬 데 베요타는 스페인 국내뿐 아니라 세계적 수준의 하몬으로 높이 평가받고 있습니다.

그러나 한편으로 이베리꼬 돼지로 만든 하몬은 지방의 비율이 높고 고기의 양이 적다는 단점이 있습니다. 또한 떡갈나무 숲을 확보하고 방목하기 위한 인력이 필요해 비용이 많이 든다는 문제점도 있습니다. 따라서 이베리꼬 돼지와 아메리카계 외래종을 교배하여 고기 양을 늘리고, 도토리뿐 아니라 곡물도 함께 섞어 먹이는 등 다양하게 먹이를 조합해 생산 주기를 단축하는 시도도 이루어지고 있습니다. 스페인에서는 이베리꼬 돼지의 순수성을 지키기 위해 하몬을 만드는 이베리꼬 돼지는 70% 이상 순혈이어야 한다는 의무조항이 있습니다. 1950년대, 양돈 두수의 40% 가까이를 점하고 있던 이베리꼬 돼지가 현재는 4~5%밖에는 되지 않아 순수한 하몬 이베리꼬는 더욱 고급품이 될 수밖에 없습니다.

한편 일본에 이베리꼬 돼지가 도입되었을 때, 알 수 없는 이유로 하몬이 아니라 조리해서 먹는 고급스러운 돼지고기라는 인식이 생겼습니다. 그러나 스페인에서 이베리꼬 돼지는 하몬을 비롯한 가공식품으로 만들때 비로소 그 장점을 발휘할 수 있다는 인식이 강해서, 요리를 위한 고기로 유통되는 것은 생각하기 어렵습니다. 이베리꼬 돼지의 매력을 진정으로 즐기기 위해서는 하몬이 최고라는 것이죠.

하몬 세라노는 그대로 얇게 썰어서 전채요리aperitivo로 먹는 것이 일반적입니다. 하지만 각종 스튜 요리guiso에서는 그 농후한 맛을 살려서 조미료 역할을 합니다. 특히 채소를 중심으로 한 스튜나 수프에 소량의 하몬을 넣는 것은 스페인 각지에서 자주 볼 수 있는 조리 비법입니다. 또 하몬을 다 썰어낸 뼈는 육수를 내는 데 사용되어 다양한 국물 요리에서 맛의 토대가 됩니다.

엠부띠도스 중에서 가장 스페인적인 것은 초리소chorizo일 겁니다. 스페인 소비연구소는 "돼지고기를 썬 것과 또시노나 라드를 섞어 소금, 파프리카 가루pimentón, 마늘, 그 외의 조미료를 넣어 천연 혹은 인공으로 된 창자에 채워 건조하거나 숙성 기간을 거친 것. 붉은색(흰 초리소라고 불리는 것을 예로 하고)이며 독특한 향과 맛을 가진다."라고 초리소를 정의합니다. 이 정의를 통해 초리소는 반드시 고기를 갈 필요 없이 잘게 썬 정도의 고기를 많이 사용하기 때문에, 질감이 여타 소시지와 다르다는 것을 알 수 있습니다. 또한 또시노 등 비계의 비율이 초리소의 단단한 정도와 맛 등을 크게 좌우합니다. 가장 특징적인 것은 다량의 파프리카 가루로 맛과 향을 낸다는 점이겠죠.

초리소는 형태, 맛, 단단한 정도에 따라 선택의 폭이 넓어서 생으로 먹거나, 굽거나, 기름에 볶거나, 국물 요리에 넣는 등 용도도 다양합니다. 생김새에 따라 분류하자면, 30센티미터 전후의 길이에 가는 것은 벨라vela, 7센티미터 이상의 직경을 가진 굵은 것을 꿀라르cular, 10센티미터 내외의 길이의 것을 끈으로 묶어서 다발을 만든 가장 전통적인 것을 아따도스 오 리스뜨라atados o ristra 등으로 부릅니다. 초리소도 원래는 자연에서 건조하고 숙성시켜서 만들기 때문에 기후 조건의 영향을 많이 받고 생산지에 따라 명확하게 스타일과 맛이 다릅니다. 그 영향으로 현재도 생산지명으로 종류를 구별하는 일이 잦습니다. 세고비아의 깐띰빨로스chorizo de cantimpalos, 고기를 잘게 썬 것이 특징인 리오하 타입chorizo riojano 등은 지리적원산지보호지역으로 지정되어 있을 정도입니다. 더욱이 나바라의 치스또라chistorra, 강하게 훈제한 아스뚜리아스풍chorizo asturiano 등 각지에 다양한 개성을 가진 초리소가 있습니다.

초리소 맛을 결정하는 파프리카 가루는 단맛dulce, 매운맛picante, 그 중간인 오깔okal의 세 종류가 있으며, 이들을 어떻게 혼합하는가에 따라 초리소의 맛과 향이 크게 달라집니다. 지극히 스페인적인 향신료인 파프리카 가루를 다량 사용한 초리소가 스페인 각지에서 대량으로 소비되는 것은 당연합니다. 한편 스페인에서 유일하게 파프리카 가루를 많이 사용하지 않는 까딸루냐에서만 후추 맛 계열의 소시지류가 발달했다는 것도 덧붙이고 싶습니다. 대표적인 것은 부띠파라butifarra, 푸엣fuet, 롱가니사longaniza 등입니다.

초리소 이외에 모르시야morcilla도 마딴사의 중요한 산물 중 하나입니다. 모르시야는 돼지 피에 향신료를 넣고, 지역에 따라서는 양파와 쌀을 넣어 굳힌 순대와 비슷한 소시지로, 생으로 먹기도 하고 굽거나 끓여서도 사용합니다. 16세기 놀라의 책에도 이미 모르시야를 만드는 방법이 기술되어 있었습니다. 모르시야 역시 매우 스페인적인 돼지고기 가공식품입니다.

이들 돼지고기 가공식품이 공장에서 대량 생산되면서, 오히려 손으로만 만든 제품이 고급스러운 것으로 재평가되고 있습니다. 현대화되어가는 오늘날, 마딴사의 전통 위에 세워진 스페인적인 미각을 어디까지 유지할 수 있을지요. 위생적인 면에서 최적의 조건을 충족하면서도 수공업의 장점을 남기는 것이 앞으로의 과제라고 할 수 있겠습니다.

꼰디멘또
condimento: 조미료

요리에 향과 맛을 내는 것들에 대해 말할 때, 우리는 일반
적으로 향신료especia를 떠올립니다. 하지만 스페인 요리의 경
우에는 조미료이자 보다 넓은 의미를 담고 있는 '꼰디멘또
condimento'가 그 역할을 담당하고 있다고 할 수 있습니다. 스페
인의 경우 꼰디멘또라는 범주에서 향신료가 차지하는 비중이

너무나도 작기 때문입니다.

우선 대표적인 꼰디멘또로 채소 중에 마늘, 양파, 토마토 등이 있습니다. 마늘ajo은 5세기 후반부터 여러 형태의 조미료로서 요리책에 등장합니다. 그중에서도 마늘과 올리브유를 합친 조미료는 이른 시기부터 전국적으로 분포했으며, 각지의 방언으로 아히아세이떼ajiaceite, 아히올리오ajiolio, 알리올리alioli 등의 이름으로 전해집니다. 스페인 요리에서는 소스가 그다지 발달하지 않았고, 주재료와 소스를 분리한 요리 역시 극히 적지만, 마늘과 올리브유로 만든 것은 스페인의 얼마 되지 않는 소스 중에서 중요하다고 할 수 있습니다. 지금도 까딸루냐, 발렌시아를 비롯한 지중해 연안에서 사랑받고 있는 알리올리는 마늘과 올리브유로 만든 소스로 가장 오래된 것입니다.

원래 알리올리는 모르떼로(절구)에 마늘과 소금을 함께 찧고, 거기에 조금씩 올리브유를 넣어 유화시켜서 하얗고 점성이 있는 소스로 만든 것입니다. 이 제조법은 매우 번거롭고 어려웠기 때문에 오늘날에는 달걀노른자를 넣은 레시피로 발전했고, 맛 역시 훨씬 부드러워졌습니다. 알리올리는 생선 요리, 쌀 요리, 튀김에 소스로 곁들일 뿐 아니라, 엔살라다에 뿌리거나, 삔초*에 악센트를 주는 실로 편리한 존재입니다. 특히 까딸루냐 요리와 궁합이 매우 좋기 때문에 자주 식탁에 등장합니다.

알리올리에 가까운 소스로는 '마오네사mahonesa'가 있습니다. 우리가 널리 알고 있는 마요네즈의 뿌리는 스페인 발레아레스 제도의 마온Mahón에 있다고 하는데, 그 진위는 어쨌든 마오네사가 스페인 식문화에 깊이 스며든 소스임에는 틀림이 없습니다. 알리올리는 지중해 연안 지역에서, 마오네사는 바스크와 깐따브리아에서 특히 사랑받고 있으며, 바스크의 안주라고 할 수 있는 삔초에도 빼놓을 수 없는 조미료입니다.

마늘이 소스에만 사용되는 것은 아닙니다. 조리 과정에서도 조미료로 활약합니다. 모르떼로로 찧은 것, 다진 것, 슬라이스한 것, 껍질을 벗긴 마늘 쪽, 껍질을 벗기지 않은 마늘 쪽, 껍질을 벗기지 않은 마늘 한 통 등 여러 형태로 사용됩니다. 각각의 형태에 따라 서로 다른 맛과 향을 내기 때문입니다. 양

---

* 삔초pincho(바스크어로는 pintxo)는 작게 자른 빵 위에 여러 가지를 올린 가벼운 음식이다. 삔초라는 말은 '찌르다'라는 뜻의 pinchar에서 온 것으로, 재료들을 빵 위에 올리고 꼬치를 꽂아 고정한 데서 유래했다. 오늘날에는 꼬치를 꽂지 않은 것도 삔초라고 불린다. 바스크, 깐따브리아, 나바라, 라 리오하 등 스페인 북부의 바르bar에서 자주 볼 수 있다. 빵 위에 어떤 것이든 올려도 되지만, 바스크에서는 주로 생선(특히 메를루사, 바깔라오, 안초비, 송어)이 올라가거나, 고기를 채운 피망, 크로켓 등이 올라간 것을 많이 볼 수 있다. 바 테이블에 다양하게 펼쳐져 있는 삔초들을 골라서 가볍게 술을 마시며 선 채로 먹는 것이 일반적이다. 스페인에서는 가벼운 안주를 따빠스tapas라고 부르는데, 삔초는 따빠스의 일종이기도 하며, 동시에 북부에서는 따빠스를 대신해서 쓰는 말이기도 하다.

파의 기본적인 조리법인 '소프리또'에 관해서는 이미 언급했습니다. 소프리또에 마늘을 더한 것, 바꿔 말하면 올리브유, 양파, 마늘의 조합은 가장 스페인적인 조미료의 원형이라 할 수 있습니다. 이와 같이 재료 자체를 조미료로 사용하는 방식은 스페인 토착요리의 성격을 드러낸다고 할 수 있습니다.

이에 반해, 남쪽에서는 이슬람의 침략과 함께, 지중해 연안에서는 향신료를 중요하게 생각한 이탈리아 문화의 영향에 의해 향신료를 사용하는 방법이 스페인 요리 속에 편입되었습니다. 16~17세기까지 이베리아 반도 전역에 침투되어 있던 아랍적인 기호의 특징은 신맛, 단맛, 매운맛을 조합한 것이었습니다. 여기에서는 벌꿀miel, 시나몬canela을 비롯해 생강jengibre, 커민comino 등 매우 동양적인 향신료가 활약합니다. 당시의 요리사 디에고 그라나도는 에스꾸데야에 맛을 내기 위해 설탕, 시나몬, 정향clavo, 후추에다 넛메그nuez moscada를 사용했습니다. 또 생선 까수엘라에는 설탕과 오렌지즙이 사용되었는데, 이 역시 전형적인 '아그리둘세'(신맛과 단맛) 패턴입니다. 참고로 꿀을 요리에 사용하는 것이 아랍의 기호가 남은 흔적이라고 알려져 있지만 신대륙으로 건너갔던 사탕수수를 스페인에 전해준 것도 아랍 사람들이었다는 것은 의외로 알려져 있지 않습니다.

종종 스페인의 대표적인 향신료로 소개되는 사프란azafrán 역시 아랍에서 전해진 것으로, 10세기부터 스페인 남부를 중심으로 재배되었습니다. 문헌에 나타난 것은 13세기 이후지만, 당시 이 향신료가 스페인의 미식세계에 필수적이었다는 기록은 보이지 않습니다. 오히려 사프란의 사용은 이탈리아의 영향으로 보는 편이 좋을 것입니다. 사프란을 사용한 대표적인 요리는 어패류 스튜인 '사르수엘라 데 마리스꼬스zarzuela de mariscos'와 발렌시아풍 빠에야인데, 모두 지중해 연안의 음식인 것도 이를 방증합니다. 사프란은 수확량에 비해 막대한 재배 면적과 노동력을 필요로 하기에 스페인에서도 꽤 비싸서, 대중적인 레스토랑에서는 사프란 대신에 착색료를 사용해 빠에야를 노랗게 물들입니다.

한편 지중해 쪽에는 동양에서 온 향신료와 다양한 허브에 의한 보다 복잡하고 세련된 미각이 전해졌습니다. 타임tomillo, 로즈마리romero, 파슬리perejil, 펜넬hinojo, 바질albahaca도 이 경로를 통해 스페인 요리에 정착했습니다. "그 가격이 세계의 배를 움직인다."는 말까지 생기게 했던 후추pimienta의 유행도 이 시기에 지중해를 거쳐 스페인에 도착합니다. 당시 전 세계로 확대된 스페인제국의 식민지에서 전해진 신기한 식재료와 이 변화무쌍한 꼰디멘또들이 만나 스페인만의 독자적인 맛이 태어나게 됩니다. 이렇게 향신료를 중시하는 요리체계는 까딸루냐를 중심으로 지중해 연안에 지금도 뿌리 깊게 남아 있습니다.

지중해를 통해 스페인 요리에 도입된 향신료 중 많이 사용되는 것은 파슬리입니다. 보통 허브hierba는 보관이 쉽다는 이유로 건조하여 사용하지만, 파슬리는 예외적으로 생으로 널리 사용합니다. 파슬리는 양파 소프리또에 넣어서 음식에 기본적인 맛을 내거나, 모르떼로로 찧어서 조리 도중 넣는 것이 일반적입니다. 이렇게 모르떼로를 사용하는 것은 파슬리뿐 아니라 향신료를 더하는 기본적인 방법이기도 합니다. 소금을 비롯해 모든 조미료를 한꺼번에 찧어 액체에 개서 요리에 더하는 모르떼로 기법은, 까수엘라로 조리하는 스페인 요리의 특징과 잘 맞아서 각 지역의 요리에 받아들여졌습니다. 찧은 파슬리가 소스의 기초가 되는 살사 베르데Salsa verde 같이, 바스크에는 모르떼로 없이는 존재할 수 없는 맛이 많습니다. 까딸루냐에서는 파슬리, 마늘, 아몬드, 빵을 모르떼로로 찧어 만든 '마하도majado' 혹은 '삐까도picado'가 많은 요리에 사용됩니다. 스페인의 파슬리는 크게 세 종류로 줄기가 곧고 길면서 향이 강한 것이 기본적인 품종입니다.

국토의 황폐와 식문화의 불모라는 결과를 불러일으킨 레콩키스타 이후, 식문화에 있어 새로운 시대는 신대륙 발견을 계기로 열립니다. 그중 신대륙에서 전해진 식재료 중에 조미료로서 큰 역할을 담당하게 된 것은 파프리카 가루입니다. 당시에는 피망이라는 채소로 도착했고, 그것을 건조시킨 파프리카 가루는 스페인 요리에 필수적인 존재가 되었습니다. 스페인의 파프리카는 크게 나누어 두 종류인데, 피망의 향을 살린 둘세와 고추 계열의 매운맛을 살린 삐깐떼를 조합하여 맛을 내는 방법은 지금도 많은 지역에서 요리의 기본입니다. 초리소로 대표되는 엠부띠도스의 맛과 향을 내는 기본적인 조미료가 바로 파프리카 가루인 것처럼 말이죠.

  향신료의 종류를 자랑하는 나라도 있습니다. 하지만 스페인에서는 언제나 꼰디멘또와 주재료의 일대일 만남을 중시하는 방식을 택했습니다. 극히 일부 지역을 제외하고는 여러 가지 향신료를 사용해 복잡한 맛을 실현하려는 요리가 거의 없다는 사실에서 재료를 존중하는 스페인의 미각을 엿볼 수 있습니다.

프루따

fruta: 과일

스페인은 예부터 풍요로운 과일의 나라로 알려져 있습니다.

과일 및 말린 과일fruta seca*은 스페인의 미식세계에서 중요한

존재입니다. 과일도 다른 식재료와 마찬가지로 신대륙 발견 전

---

* 프루따 세까fruta seca는 말 그대로 말린 과일을 의미하지만, 말린 과일뿐 아니라 껍데기가 딱딱한 과일인 견과류(아몬드, 호두, 잣, 피스타치오 등)도 포함한다.

과 후로 크게 나눌 수 있습니다. 그런데 과일은 채소와 달리 동방에서 이슬람을 거쳐 스페인에 전해지거나, 그리스·로마 시대에 이베리아 반도에 보급된 것이 주류를 차지해왔습니다. 다시 말해, 신대륙 발견을 기다리지 않고도 이미 기호가 완성되었던 것입니다.

로마제국 시대부터 재배된 과일로는 멜론melón과 복숭아 melocotón, 레몬limón이 있습니다. 이들 과일은 지금도 스페인의 과일 경작 면적에서 큰 부분을 점하고 있으며, 그중에서도 멜론은 단일 재배 과일로는 가장 큰 경작 면적을 자랑합니다. 스페인에서 재배되는 멜론은 세 종류로 분류할 수 있으며, 모두 연중 온난한 스페인의 기후에 적합해 긴 수확기를 가지고 있습니다. 멜론은 뽀스뜨레로 먹는 것이 일반적이지만, 하몬을 곁들인 '멜론 꼰 하몬melón con jamón'이 에피타이저로 유명하며 엔살라다에 넣기도 합니다.

복숭아는 나바라 등 북부 일대와 남부의 무르시아를 중심으로 널리 재배되고 있습니다. 스페인의 복숭아는 황도인데 뽀스뜨레로 많이 먹습니다. 특히 설탕절임confitura으로 많이 사용하는 과일입니다. 복숭아 잼mermelada de melocotón은 스페인에서 가장 일반적인 잼이고, 복숭아를 시럽에 절이거나 와인에 재워서 보존용으로 만든 것은 1년 내내 뽀스뜨레로서 사랑받고 있습니다.

레몬이나 오렌지naranja 등 감귤류는 지중해 연안에서 주로 생산됩니다. 발렌시아에서 나는 발렌시아 오렌지는 특히 유명합니다. 이 오렌지가 아메리카 대륙으로 건너가 캘리포니아 오렌지가 된 것이죠. 스페인 요리의 역사에서는 오렌지가 레몬보다 먼저 등장합니다. 16세기 초 놀라의 책에 의하면, 생선과 고기를 까수엘라로 조리할 때 종종 오렌지 과즙을 사용합니다. 또 '오렌지꽃 에센스agua de azahar'도 이 무렵부터 사랑받기 시작하는데, 오늘날에도 과자를 만들 때 여전히 사용되고 있습니다. 이렇게 감귤류를 요리에 사용하는 취향은 18세기 무렵에 자취를 감추고, 개성이 강한 향신료를 조합하여 요리에 맛과 향을 내는 방법을 프랑스에서 받아들이게 됩니다. 하지만 지금도 뽀스뜨레를 만들 때 우유에 향을 입히기 위해 종종 오렌지와 레몬 껍질corteza을 사용하는데, 이는 옛날 까수엘라 요리에 맛을 내던 방법의 연장선상에 있다고 볼 수 있습니다. 참고로 우유에 감귤류와 시나몬으로 향을 입히는 방법은 바닐라로 향을 내는 프랑스의 방법과는 확연히 다른 스페인 뽀스뜨레만의 개성을 만들어내는 데 중요한 역할을 합니다.

그 외에도 놀라의 책에 등장하는 프루따에는 사과manzana, 서양배pera, 모과membrillo, 포도uva, 무화과higo 등이 있습니다.

사과는 이집트를 경유해 이른 시기부터 스페인에 전해졌고, 조건이 알맞은 북부에서 주로 재배되었습니다. 아스뚜리아스는 스페인에서 사과를 가장 많이 생산하는 지역인데, 사과 자체보다 사과주sidra로 유명합니다. 사과로 만든 뽀스뜨레는 스페인 전국에서 볼 수 있는데 만사나 아사다manzana asada(구운 사과), 부뉴엘로스 데 만사나buñuelos de manzana* 등 다양합니다. 그 외에도 엔살라다에 넣거나 닭고기의 속을 채우거나 고기에 곁들이는 등 뽀스뜨레 외의 메뉴에 사용하는 경우도 결코 드물지 않습니다.

3세기 무렵부터 이미 유럽에 존재했다고 하는 서양배는 생으로 혹은 시럽almíbar이나 와인으로 조린 '꼼뽀따compota'의 형태로 항상 스페인 식탁에 등장했습니다. 18세기 초의 후안 델라 마따가 쓴《제과 기술의 예술》에서도 서양배의 종류에 따른 세 종류의 꼼뽀따 만드는 방법을 설명하고 있습니다. 이 기술로 미루어 당시 이미 뻬라 블랑까pera blanca, 뻬라 데 베르가모따pera bergamota, 뻬라 데 인비에르노pera de invierno로 불리는

---

* 부뉴엘로스는 밀가루 반죽을 공 모양으로 만들어 기름에 튀겨내는 과자다. 안에 달콤한 속이나 크림, 초콜릿 등을 채워 디저트로 먹거나, 바깔라오 등을 넣어(부뉴엘로스 데 바깔라오) 따빠스로 먹기도 한다. 부뉴엘로스 데 만사나는 사과를 넣고 튀긴 과자다.

서양배가 시기를 달리하며 거의 1년 내내 시장에 나왔음을 알수 있습니다. 현재 서양배의 주요 재배 품종은 윌리엄William이지만, 소규모 농가에서 재배하기에 적합하고 강수량을 그렇게 많이 필요로 하지 않아 지역마다 기후에 맞는 품종을 생산하고 있습니다.

모과는 생으로 먹기에는 적당하지 않은 과일입니다. 추위에 약하기 때문에 10월까지 수확을 마치고, 생으로 먹는 경우에는 그 후 수개월 보존한 후 시장에 나옵니다. 모과가 가장 자주 활용되는 것은 '까르네 데 멤브리요carne de membrillo'입니다. 이는 모과의 풍부한 펙틴을 살려, 거의 젤리라고 해도 좋을 정도로 형태가 유지되도록 달콤하게 조린 것입니다. 16세기 책에 이미 비슷한 레시피가 나오는 것을 보면 이 방식이 예부터 활발했다는 것을 알 수 있습니다. 까르네 데 멤브리요는 슬라이스해서 먹기도 하고, 비스꼬초(스폰지케이크) 사이에 끼워서 내는 등 제과에 다양하게 활용됩니다. 최근에는 뽀스뜨레를 내기 전 치즈 플레이트를 낼 때, 염분이 강한 치즈와 까르네 데 멤브리요를 곁들이는 것도 유행하고 있습니다.

포도는 무화과와 함께 그리스를 경유해 스페인에 들어왔습니다. 대부분 와인의 원료이며, 광대한 와인을 위한 포도밭 viñedo 옆에 생으로 먹기 위한 포도를 생산하는 지역이 따로 있습니다. 생으로 먹는 포도는 뽀스뜨레나 요리에 사용하는 한편, 과즙mosto으로도 많이 소비됩니다. 한편 무화과는 지중해 연안에서 주로 생산되며, 예부터 친숙한 과일입니다. 생으로 혹은 조린 것에 호두나 아몬드를 넣어 뽀스뜨레로 먹으며, 하몬에 곁들여 에피타이저로 내기도 합니다. 특히 말린 무화과 higo seco는 중요합니다. 스페인에서는 포도도 말려서 먹는 경우가 많습니다. 이들 말린 과일은 스페인의 식생활에서 빼놓을 수 없는 존재였습니다. 일례로, 크리스마스 때 스페인에서는 큰 접시에 말린 무화과, 건포도pasa, 호두nuez, 아몬드almendra, 대추야자dátil를 담아 뽀스뜨레로 냅니다. 말린 과일을 귀하게 여기는 습관은 아랍의 전통을 이어받은 것이라고 할 수 있습니다. 1년 내내 생과일이 나오는 이베리아 반도의 기후를 생각하면, 과일을 건조시켜 저장하는 것은 사막 민족인 이슬람 사람들이 전해주었다고 보는 편이 자연스럽겠죠.

말린 과일 중에서 대표적인 것은 아몬드입니다. 아몬드는 올리브, 포도와 함께 스페인을 대표하는 농산물 중 하나입니다. 아몬드는 말려서 뽀스뜨레로 먹기도 하고, 뚜론turrón*, 알멘드

---

* 볶은 아몬드, 잣, 헤이즐넛 등의 견과류에 꿀, 설탕, 달걀흰자 등을 섞어 직사각형 판이나 라운드 케이크의 형태로 굳혀 만든 누가 과자. 스페인과 이탈리아에서는 전통적으로 크리스마스 과자로 먹는다. 스페인의 지로나가 뚜론으로 유명하다.

라도almendrado*, 마사판mazapán** 등 넓은 범위에서 활약하는데, 스페인의 대표적인 과자는 대부분 아몬드를 사용한다고 말해도 지나치지 않습니다. 또 아몬드는 쌀을 끓일 때, 수프에, 마늘과 파슬리와 함께 채소 요리에 맛을 낼 때 등 요리에서도 활약합니다. 아몬드를 좋아하던 아랍 민족의 지배가 길었던 스페인 남부에서는 당연하게도 아랍 요리와 과자가 정착한 것을 볼 수 있습니다. 그 외에도 호두, 잣piñón, 피스타치오pistacho, 헤이즐넛avellana도 많이 먹습니다. '아몬드와 꿀almendra y miel'로 상징되는 아랍적인 취향은 뽀스뜨레를 중심으로 스페인에 뿌리 깊게 남아 지금도 특유의 이국적이고 동양적인 색채를 더하고 있습니다.

한편, 생으로 먹는 프루따에 관해서는 다른 장에서도 언급했듯 원산지호칭제도 혹은 지리적원산지보호 등의 지정이 시작되었습니다. 그중에는 발렌시아의 감귤류, 지로나와 비에르소Bierzo의 사과와 함께 헤르떼와 알리깐떼의 체리cereza, 까딸루냐의 비파níspero 등이 포함되어 있으며, 스페인이 그들의 풍요로운 과일 자원에 눈을 돌리기 시작했다는 것을 말해줍니다.

---

* 아몬드 밀크에 설탕을 탄 음료.
** 설탕과 아몬드 가루를 반죽해서 여러 모양으로 만든 과자. 똘레도와 라 리오하의 지역 명물로 유명하다. 한국에서는 일반적으로 마지팬marzipan이라고 부른다.

께소

queso: 치즈

　훌륭한 품질의 치즈를 생산하는 스페인이지만 소비량은 상
대적으로 적은 편입니다. 완만하게 상승하고 있다고는 하지
만 국민 1인당 연간 치즈 소비량은 7.5킬로그램으로 프랑스의
3분의 1 정도에 불과합니다. 이런 소비량의 차이는 '언제 어떤
형태로 치즈를 먹는가' 그리고 '어떤 타입의 치즈를 선호하고

생산하는가'라는 두 가지 물음에 답하는 것으로 밝힐 수 있을 듯합니다.

1인당 연간 소비량을 치즈의 타입별로 보면 '숙성 치즈queso curado'와 '반숙성 치즈semicurado'가 2.9킬로그램, '프레시 치즈 queso fresco'가 2.1킬로그램, 그 외의 타입이 2.5킬로그램입니다. 게다가 스페인의 총 치즈 소비량 중 가정 소비 비율은 85% 에 달합니다. 바꿔 말하면 스페인에서는 외식할 때 치즈를 먹 는 비율이 극히 낮고, 대부분 가정에서 소비되고 있다는 것입 니다. 이런 소비 상황의 원인으로는 두 가지를 생각할 수 있습 니다. 하나는 요리 재료로 치즈를 사용하는 경우가 매우 한정 되어 있다는 점, 또 하나는 프랑스처럼 치즈를 '요리와 디저트 사이의 한 접시'로 먹는 습관이 원래 없었다는 점입니다.

우선 요리 재료로 치즈를 사용하는 경우를 살펴볼까요. 1525년 발행된 놀라의 책에는 치즈를 사용한 요리가 꽤 많이 등장합니다. 튀김옷을 입혀서 튀기거나, 깔도(수프)에 잘게 썰 어 넣는 등, 사용 형태가 다양합니다. 놀라가 사용한 치즈는 모두 프레시 치즈 혹은 '녹여 먹는 치즈queso fundido'입니다. 당 시 녹여서 사용하는 치즈를 '굽기 위한 치즈queso asadero'라고 도 불렀는데, '크림치즈queso mantecoso'와 함께 조리에 적합한 치즈로 선호되었습니다. 이 책에 나오는 레시피들은 나폴리에서 오랫동안 체재했던 놀라가 치즈를 빈번히 사용하는 이탈리아 요리에서 영향을 받았다고 할 수 있습니다.

그 이후 근대에 이르기까지 스페인의 요리책에서 치즈를 사용한 요리는 점차 줄어드는 경향을 보입니다. 17세기 몬띠뇨의 책에는 아직 굽기 위한 치즈를 사용한 레시피가 몇 가지 나오지만, 18세기 알따미라스는 이미 요리의 재료로서 치즈를 거의 사용하지 않았고, 19세기 무로의 책에 이르러서는 아주 적게 해외의 레시피를 소개한 것 이외에 치즈는 거의 등장하지 않습니다. 유일하게 치즈를 요리에 사용하는 것이 정착된 곳은 지중해 연안, 즉 까딸루냐, 발렌시아, 무르시아입니다. 이 역시 프랑스, 이탈리아에서 치즈를 요리 재료로서 사용하는 습관을 받아들였다는 방증입니다. 14세기 까딸루냐에서 출판된 책에 치즈와 꿀을 사용한 뽀스뜨레가 '플라온flaón'이라는 이름으로 등장하는데, 놀라의 책에 등장하는 치즈를 사용한 '플란flan'*과 거의 같은 형태이며, 현재의 까딸루냐 요리에서 계승되고 있습니다.

치즈를 요리에 사용하지 않는다면, 스페인 사람들은 어떻

---

* 커스터드 푸딩. 달걀노른자, 우유, 설탕을 섞어 틀에 붓고 굳혀서 만드는 디저트로 커피나 오렌지, 바닐라 등의 향을 첨가하기도 한다.

게 치즈를 먹는 걸까요? 스페인에서는 일반적으로 가벼운 저녁을 먹을 때나 식전주를 마실 때 '독립된 한 접시의 요리로서 치즈를 먹는다.'라고 할 수 있습니다. '보까디요bocadillo'*에 넣는 형태로 소비하는 것이 그 뒤를 잇습니다. 다시 말해, 옛날에는 스페인에서 치즈 플레이트가 전채요리로 등장할 가능성은 있어도 뽀스뜨레로 등장할 일은 없었다는 사실을 인식할 필요가 있습니다. 아주 드물게 '께소 데 부르고스queso de Burgos'로 대표되는 산뜻한 맛의 프레시 치즈만이 몇몇 지역에서 뽀스뜨레로 사용되었습니다. 농후한 풍미와 소금기가 짙은 스페인의 숙성치즈는 와인과의 궁합이 매우 훌륭한 대신에 원래 뽀스뜨레로는 적합하지 않습니다. 게다가 치즈 플레이트를 디저트 전에 내는, 프랑스에서는 매우 일반적인 관습은 프랑스식 레스토랑이 아니고서는 결국 존재하지 않았던 것입니다.

현재 원산지호칭제도 혹은 지리적원산지보호제도로 지정된 치즈 생산 지역은 전부 27곳에 이릅니다. 스페인의 독자성을 가진 치즈 생산에 주목해 국내 소비와 수출을 모두 증진하려는 정부 차원의 움직임이라고 할 수 있습니다. 원산지호칭제

---

* 바게트 빵을 사용한 샌드위치. 하몬이나 초리소, 치즈를 넣기도 하고 깔라마레스 프리또(오징어 튀김)나 또르띠야 데 빠따따를 넣기도 하며, 간단하게 한 끼 식사나 간식으로 먹는다.

도로 보호되는 치즈를 원료별로 분류하면 양젖만을 사용하는 지역이 7곳, 우유만을 사용하는 지역이 4곳, 산양젖을 사용하는 지역이 4곳, 양·소·산양의 젖을 혼합하여 사용하는 지역이 2곳입니다(2007년 현재). 양젖 치즈를 생산하는 라 만차 지역의 광대한 중앙부 평야를 제외하면 많은 원산지호칭 산지가 깐따브리아를 비롯한 해안 지역에 있는 것은 이 나라의 기후에 따른 낙농업의 실태를 생각해보면 당연하다고 할 수 있습니다. 대표적인 생산지 중 몇몇을 소개해보죠.

'론깔Roncal'은 나바라 동북부의 아주 제한된 지역에서 생산되는 양젖으로 만든 숙성 치즈입니다. 그 생산자는 대부분 소규모의 전통적인 수작업 농가이며, 생산량도 전 원산지호칭 산지의 6% 정도밖에 안 됩니다. 그러나 숙성도가 높고 지방분이 많기 때문에 느껴지는 농후한 풍미는 높이 평가되며 가장 오랜 역사를 가진 지정 생산지입니다.

'이디아사발Idiazábal'은 양젖으로 만든 숙성 치즈 혹은 반숙성 치즈이며, 숙성 기간의 경우, 론깔이 4개월 이상인 데 비해 이디아사발은 2개월 이상만 의무화하고 있습니다. 바스크 전역과 나바라 북부의 넓은 지역에서 다수의 소규모 생산자에 의해 생산되며 최근 특히 인기가 높아졌습니다.

양젖 치즈로 스페인을 대표하는 것은 누가 뭐래도 '만체고

Manchego'입니다. 로마 시대부터 사랑받아온 이 치즈는 라 만차 전역에서 생산되며, 그 생산량은 전체 원산지호칭 산지의 약 25%를 점하고 있습니다. 만체고 치즈에는 반숙성 치즈부터 숙성 치즈까지 있는데, 그 개성을 가장 확실히 나타내는 것은 숙성도가 높은 숙성 치즈, 혹은 숙성 치즈를 올리브유 속에서 더욱 숙성시킨 것입니다. 스페인 사람들의 식생활에 밀착한 치즈라고 할 수 있습니다.

한편 '마온Mahón'은 지중해의 메노르카 섬에서 만들어지는 우유를 기본으로 한 혼합 타입의 치즈로, 가장 많은 생산량을 자랑하는 원산지호칭 산지입니다. 마온의 특색은 프레시 치즈부터 10개월 이상의 숙성을 요구하는 치즈까지 여러 타입이 생산된다는 점으로, 그 맛도 다양함도 풍부합니다.

깐따브리아는 스페인에서 소의 목축이 가장 광범위하게 이뤄지는 곳으로, 많은 종류의 치즈를 생산합니다. 그중 '깐따브리아Cantabria'는 대표적인 크림치즈인데, 질 좋은 우유 치즈로 높이 평가받고 있습니다.

마지막으로 '까브랄레스Cabrales'는 아스뚜리아스 동부에서 생산되는 치즈로, 우유, 양젖, 염소젖을 혼합하고 푸른곰팡이를 내부에서 숙성시킨 블루치즈입니다. 이 치즈는 단풍나무잎으로 감싸는 것이 특징인데, 지금도 소규모 생산자에 의해 전통적인 방법으로 만들어지고 있습니다. 비슷한 것이 깐따브리아 일대에서도 만들어지지만, 해발 2,500미터 이상의 산악지대에서 만들어지는 이 치즈의 풍미는 어느 것도 따라갈 수 없을 정도로 개성적입니다.

지금 스페인의 치즈업계는 각 낙농가 단위에서의 수작업과 공장에서의 대규모 생산이 양립하는 새로운 체제로 향하는 과도기에 있습니다. 이는 치즈뿐 아니라 다른 가공식품도 마찬가지입니다. 다시 말하면 스페인 식량 생산 자체가 품질 저하로 이어질 가능성이 있는 기계화·근대화와 사회상황에 의해 크게 변동되기 쉽고 불안정한 소규모 고급화라는 양 극단 사이에서 움직이고 있는 것입니다. 그럼에도 높이 평가할 만한 점은, 와인과 치즈를 비롯한 여러 분야에서 원산지호칭제도로 편입되는 생산 지역이 매년 늘어나고 있다는 것입니다. 이는 스페인이 식재료의 품질에 크게 관심을 쏟고 있음을 보여줍니다.

'양에서 질로.' 지금 스페인의 식문화에서 일어나고 있는 변화입니다. 하지만 한편으로 너무나도 급격한 변화는 문제를 야기하기도 합니다.

훌륭한 질의 식재료, 오래되고 복잡한 역사가 키워온 독자적인 기호와 음식, 거기에 훌륭한 재능을 가진 요리사들이 더해져 스페인은 역사상 처음으로 '식문화의 황금기'라고 불리는 행복한 시대에 돌입했습니다. 그렇기에 앞으로의 스페인 요리의 지향을 새로이 모색할 시기가 찾아왔다고 생각합니다.

전통과 전위 사이에서 스페인 요리의 정체성을 어떻게 인식할 것인가? 환경보호를 염두에 두면서 식재료를 개발하는 데 요리계는 어떻게 기여할 수 있을까? 여러 문제를 안고 있으면서도 매력적인 시대를 맞이하고 있는 스페인 요리에 대한 기대감이 커집니다.

스페인 요리 붐에 불을 붙인 사람,
와타나베 마리

지금 홋카이도에 와 있습니다. 오늘부터 시작된 '삿포로 파스타'에 참가하기 위해서입니다.

삿포로 파스타는 걷고, 먹으며, 맛있는 삿포로를 즐기는 5일간의 축제입니다. 스페인, 프랑스, 이탈리아 등 서양 요리부터 일본 요리와 퓨전 요리까지, 그리고 레스토랑뿐 아니라 바와 카페까지 90여 가게가 참가합니다. 삿포로 파스타가 개최된 목적은 마을 재생. 이 축제의 모델이 된 것은 하코다테의 스페인 바르 거리입니다. 스페인의 이자카야라 할 수 있는 '바르 bar'를 참고하여 하코다테 서부지구에 있는 음식점 거리를 산

책과 식도락을 즐기는 곳으로 바꾸고, 나아가 지역 재생으로 이어질 수 있도록 기획한 거리입니다. 이 기획의 주인공은 하코다테에서 바스크 레스토랑을 하는 후카타니 히로시 씨입니다.

일본에서 스페인 요리가 붐을 일으키고 있습니다. 도쿄나 오사카를 비롯한 대도시를 중심으로 스페인 레스토랑과 바르가 인기를 모으고, 하몬, 올리브, 와인 등이 스페인에서 차례차례 도착하고 있습니다. 이러한 오늘날의 스페인 요리 붐에 불을 붙인 사람이 바로 와타나베 마리 씨입니다.

일본에서 스페인 요리가 소개되었던 것은 포르투갈 거주 경험이 있는 작가 단 가즈오가 잡지《세계의 여행, 일본의 여행》1960년 11월호에 〈스페인의 게 다리〉라는 기사를 실은 것이 최초였다고 생각합니다. 최초의 번역서는 1973년 당시 요리가로 활동했던 에가미 도미가 일본어판을 감수했던 피터 필드먼의《스페인·포르투갈 요리》. 그로부터 4년 후에는 캔디드 로페스가 쓴《스페인 요리 명작선》이 나왔습니다. 일본어로 쓴 최초의 책이 나온 것은 1979년으로, 가이즈카 에밀리오가 쓴《스페인 요리》입니다. 그러나 일본에서 스페인 요리가 주목받게 된 것은 바르셀로나 올림픽과 세비야 엑스포가 개최되었던 1992년 이후의 일입니다.

와타나베 씨와 스페인의 만남은 가쿠슈인 대학교 시절로 거슬러 올라갑니다. 스페인 내전 연구로 알려진 사이토 다카시 교수의 세미나에 우연히 참가한 것을 계기로 스페인어를 공부하기 시작하고, 후에 본고장 스페인을 여행합니다. 그런데 첫 스페인 방문으로 평생의 과업을 정했다고 하니 굉장하죠.

와타나베 씨가 스페인 식문화 연구를 시작한 지 거의 25년. 그동안 스페인과 일본을 셀 수 없이 오가며 스페인 각지의 레스토랑을 찾아 많은 요리를 맛보고, 도서관을 돌아다니며 문헌조사와 연구를 진행하고, 일본으로 돌아와서는 강연 등으로 바쁜 날들을 보내면서도 지금까지 《태양이 최고의 진수성찬이었다》(1990), 《스페인 까스뻬이라 순례》(1992), 《엘불리, 최고의 레시피》(2000), 《수도원의 메추라기 요리》(2002) 등 많은 책을 출판했습니다.

일본에는 이미 히가시 미치오와 스가와라 치요시의 《스페인은 맛있는 나라》, 오쓰키 치히로의 《나의 스페인 미식체험》, 다카모리 도시아키의 《스페인 맛있는 기행》 등 훌륭한 책이 나와 있습니다. 하지만 이들 모두 스페인 요리를 소개하는 데 그치고 있습니다. 반면 와타나베 씨는 스페인 요리를 소개하는 데 만족하지 않습니다. 그녀는 스페인의 식문화를 문화사의 관점에서 풀어내려고 합니다.

스페인을 언급할 때 중요한 키워드는 '다양성'입니다. 그것은 단순히 스페인을 포함한 이베리아 반도의 자연환경뿐 아니라 민족도 언어도 그리고 요리도 다양하기 때문입니다. 와타나베 씨도 언급했듯 '스페인 요리'는 존재하지 않습니다. 존재하는 것은 바스크 요리, 갈리시아 요리, 까딸루냐 요리 등입니다. 각 지역의 요리가 어디까지나 지역요리의 범주에 머물러 보편성을 획득하지 못한 것이 많으며 이들을 스페인 요리로 묶어버리는 것은 곤란합니다. 스페인을 벗어나 해외에서 스페인 요리를 대표하는 음식 역시, 실은 한 지역의 요리에 지나지 않는 경우도 많습니다. 빠에야는 발렌시아 지역의 요리이며, 오징어먹물 요리는 바스크 지역, 가스빠초는 안달루시아를 중심으로 마드리드 남쪽 지역의 요리인 것처럼 말이죠.

지금까지 많은 음식이 일본에 스페인 요리로 소개되었지만 체계적으로 해설된 적은 없습니다. 스페인 요리는 일본에서 그야말로 아무도 발을 내디딘 적이 없는 세계인 것입니다. 와타나베 씨는 이 책을 포함해 많은 저서를 통해 스페인 식문화란 무엇인가, 그 뿌리를 찾고 체계적으로 밝혀내려 과감히 도전했습니다.

이 책을 읽는 독자 여러분은 스페인의 요리가 로마 사람들, 이슬람교도들, 유대인들, 기독교도들 등 실로 많은 민족에게 영향을 받으며 형성되어왔다는 사실에 놀라셨을 겁니다. 동시에 그런 복잡한 식문화가 가진 역사의 비밀을 훌륭하게 해명한 저자의 수고에도요.

스페인 요리는 풍요로운 재료와 민족적으로 많은 변화를 거친 요리 형태, 지리적 필연이 가져다준 개성적인 지역 식문화 등 훌륭한 자질을 갖췄으면서도 프랑스 요리의 세련됨은 갖지 못했습니다. 이에 대해 와타나베 씨는 스페인은 요리문화가 완전히 성숙해질 정도로 진정한 의미의 번영기를 맞이하지 못했다고 말합니다. 그러면서 스페인이 번영기는 맞이하지 못했지만 많은 민족을 거친 만큼 서로 다른 문화의 혼합을 통해 요리문화를 발전시켰다고도 말합니다.

1975년의 민주화로 스페인은 물질적으로 풍요로워졌고 스페인 요리계에도 새로운 변혁의 바람이 불어오고 있습니다. 극단적일 만큼 전통요리를 사랑하던 시대를 거쳐 이제는 스페인이 가진 풍요로운 식재료를 통해 아주 새로운 요리를 내놓고 있는 것입니다. 기존 요리의 패러다임을 완전히 바꿔놓았다고 평가되는 엘불리의 셰프, 페란 아드리아를 중심으로 스페인 요리계의 활약은 최근까지 미식세계를 선도하고 있던 프랑스를 넘어섰다는 느낌마저 듭니다.

오랫동안 복잡한 길을 걸어온 스페인의 독자적인 식문화는 앞으로도 계속해서 바뀌어가겠죠. 그 흥미로운 움직임을 일본에 전해준 것이 와타나베 마리 씨입니다. 이 점이 와타나베 씨를 스페인 요리 붐에 불을 붙인 장본인이라 부르는 이유입니다.

2010년 9월

교토 외국어대학교 외국어학부 교수, 반도 쇼지坂東省次

스페인 요리라는 거대한 세계를
촘촘하고도 넓게 보여주다

글 한 줄에 책 한 수레라는 말이 있다. 한 줄 글을 쓰자면 책을 한 수레는 읽어야 가능하다는 이야기다. 더하자면 수레 한 바퀴일 수도 있다. 수레를 타고 직접 보고 겪어서 알게 된다는 뜻이다. 음식 이야기는 먹어보지 않고는 쓸 수 없으니, 한 수레의 역정은 셀 수 없는 밥상의 숫자와 같다.

스페인 요리는 그저 프랑스와 이탈리아 어디쯤에 '속하는' 변방의 요리로 취급하던 게 흐름이었다. 한국뿐 아니라 세계가 그랬다. 미슐랭 가이드가 스페인에 진출한 것이 큰 몫을 했지만, 이제 대세는 스페인이라는 말까지 나온다. 아닌 게 아니라 고전적인 프랑스 식당 대신 고급 스페인 식당 대기명단에 이름을 올리는 것이 유행이 되었다. 지금은 휴업했지만, 예약이 3년씩 밀렸다던 엘불리에 대한 관심은 세계 언론을 놀라게 했다.

그 엘불리의 요리사 페란 아드리아가 보여주는 테크닉에 사람들이 넋을 놓을 즈음, 한켠에는 다른 의문이 있었다. 도대체 스페인 요리는 뭐야?

다들 아는 만큼 대상을 규정한다. 삔초와 따빠스로 스페인 음식을 보는 사람, 하몬으로 해석하는 사람, 빠에야로 스페인 음식의 우주를 결정짓는 사람도 있다. 이 책은 말하자면, 스페인 음식이라는 거대한 세계를 보는 허블망원경이자 역설적으로 전사와 통사다. 촘촘하고 넓게, 이 양립할 수 없는 전제를 이 책을 통해서 확인할 수 있다. 스페인에 가고 싶어지는 건 부록이다.

사족인데, 다 읽고 보니 미사여구라고는 단 한 단어도 없다 (촉촉하고 기름이 줄줄 흐르는 어린양의 뒷다리, 이런 구절조차도).

스페인을 자욱하게 연결한다는 말이 있는 어린양 다리 굽는 연기, 달콤한 파프리카 가루를 뿌린 갈리시아식 문어가 치아에 씹히는 맛, 누룽지가 바삭한 까수엘라 도기 쌀 요리, 주말에 아빠가 하는 빠에야의 전통(바닥을 박박 긁어 먹자), 스페인

식 소우주인 탕 요리 오야를 나눠 먹은 역사, 달콤하고도 짭짤한 파이, 뒷다리의 두터운 지방이 시간과 함께 살코기에 내려앉으면서 마블링이 박힌 하몬….

책을 덮자 이런 구절을 메모한 것이 몇 페이지 나왔다.

2019년 8월

요리사 박찬일

참고문헌

Mártinez Montiño, Francisco: *Arte de cocina, pastelería, vizconchería, y conservería.* 1982.

Grando, Diego: *Libro del arte de cozina.* 1991.

Mata, Juan de la: *Arte de repostería.* 1981.

Nola, Ruperto de: *Libro de guisandos.* 1969.

Altamiras, Juan: *Nuevo arte de cocina.* 1999.

Vega, Luis Antonio de: *Viaje por la cocina española.* 1969.

Delgado, Carlos: *Diccionario de gastronomía.* 1985

Pascual, Carlos: *Guía gastronómica de España.* 1977.

Muro, Angel: *El Prancticón.* 1914.

Domingo, Xavier: *La mesa del Buscón.* 1981

Domingo, Xavier: *De la olla al mole.* 1984.

Martinez Llopis, Manuel M: *Historia de la gastronomía española.* 1989.

Terrón, Eloy: España, encrucijada de culturas alimentarias. 1992.

立石博高,《世界の食文化・スペイン》, 農文協, 2007.

立石博高ほか,《スペインの歴史》, 昭和堂, 1998.

川成洋・板東省次,《現代スペイン読本》, 丸善, 2008.

板東省次・戸門一衛・碇順治,《現代スペイン情報ハンドブック》, 三修社, 2007.

258

로마제국에서 신대륙 발견으로,

세계사를 품은
스페인 요리의 역사

지은이 와타나베 마리
옮긴이 권윤경
초판 1쇄 발행 2019년 8월 25일

펴낸곳 도서출판 따비
펴낸이 박성경
편집 신수진, 차소영
디자인 이수정
출판등록 2009년 5월 4일 제2010-000256호
주소 서울시 마포구 월드컵로28길 6 (성산동, 3층)
전화 02-326-3897
팩스 02-337-3897
메일 tabibooks@hotmail.com
인쇄 · 제본 영신사

* 잘못된 책은 구입하신 서점에서 교환해드립니다.

ISBN 978-89-98439-69-9 03920
값 16,000원

이 도서의 국립중앙도서관 출판예정도서목록(CIP)은 서지정보유통지원시스템
홈페이지(http://seoji.nl.go.kr)와 국가자료종합목록 구축시스템(http://kolis-net.nl.go.kr)에서
이용하실 수 있습니다. (CIP제어번호 : CIP2019029947)